U0628606

女孩养气质
男孩养志气

静 涛 ◎ 著

江西人民出版社
Jiangxi People's Publishing House
全国百佳出版社

图书在版编目（CIP）数据

女孩养气质，男孩养志气 / 静涛著. -- 南昌：江
西人民出版社，2017.10

ISBN 978-7-210-09610-8

Ⅰ.①女… Ⅱ.①静… Ⅲ.①家庭教育—通俗读物

Ⅳ.①G78-49

中国版本图书馆CIP数据核字(2017)第182982号

女孩养气质，男孩养志气

静涛 / 著

责任编辑 / 冯雪松　钱浩

出版发行 / 江西人民出版社

印刷 / 天津安泰印刷有限公司

版次 / 2017年10月第1版

2017年10月第1次印刷

880毫米×1280毫米　1/32　7印张

字数 / 132千字

ISBN 978-7-210-09610-8

定价 / 26.80元

赣版权登字-01-2017-579

如有质量问题，请寄回印厂调换。联系电话：010-64926437

前言

父母是孩子一生的导师

导师，最初为佛教用语，即引路人。在孩子的一生中，父母既是其监护人又是引路人。孩子将来是否有发展，很大程度上取决于父母的决策和指引。

人生之路千万条，走哪条路能够达到成功的峰顶，没有方向的盲目乱闯是行不通的。现实生活中，普通人之所以普通，是因为生命中没有出现一位可以给他们正确指引的良师。正因如此，平庸之人根本就不去想那些杰出的人为什么会成功，甚至不知道成功到底是什么。

每一位父母都望子成龙、盼女成凤，都想把孩子培养成杰出的人，因此家长责无旁贷地扮演起孩子生命导师的角色。如果你没有从小帮助孩子树立起远大的理想，没有激起他奋斗的雄心，没有唤起他读书的热情，他表现平庸无为就是自然而然的事了。

孩子的教育问题始终是每个家庭的头等大事。男孩和女孩天生就有一定的差异，但更多的家长却不能针对孩子的差别进行区别教养。男孩与女孩各有其优势和劣势，将来步入社会也要承担不同的社会角色。怎样教育孩子，才能让孩子发挥其最大的优势，是每个家长都应冷静考虑的问题。

教育男孩和女孩，我们应该各有侧重、区别教养，采用不同的思路来教导，在潜移默化中让孩子朝着正确的人生方向前行。本书就是对这种区别教养的深入探讨，同时也为家长们的具体实践提供了切实可行的操作方法。

男孩与女孩在很多方面都存在明显的差异，比如说生理、智商、情商、行动力、责任感等都有着很大的不同。本书在开篇详细地介绍了男孩与女孩的差异、区别教养的必要性和重要性，以及在这方面的成功范例。通过阅读本书，家长们会更容易了解并理解差别教养的合理性。

1.女孩重在养气质

气质是一个人内在修养的外在折射，是可以通过后天培养逐渐塑造的。对于女孩，更重要的是培养其精神上的富足感。在家庭条件许可的情况下，尽可能在文化修养方面增加投资，注重其性情上的陶冶，培养她大家闺秀的涵养和高贵气质，让她在心理上有安全感和自豪感，如此培养出来的女孩才会拥有强大的内心，才不被外物所动。一个从小就竖立正确审美观和独特品位的女子，定是一位气质高贵的女子，定能收获好事业、好家庭、好人生。

2.男孩重在养志气

有志不在年高，无志空活百年。很难想象，一个胸无大志的男孩将来能有什么出息。男孩要养志气，如此，他才能知道奋斗的意义，才能够勇往直前、自强不息。相对于女孩来讲，男孩长大后将要承担更大的压力和责任。因此，无论家庭条件多么优越，对男孩都不能过于宠溺，要刻意让他体会到生活的艰辛，磨砺他坚强的意志，培养其吃苦耐劳、踏实勤恳的品质，从小将其培养成为有志气、有骨气的人。如此，将来他才能成长为一个真正的男子汉。

父母作为孩子的人生导师，对孩子的教育影响是伴随孩子成长始终的。因此，家长要不断思考和研究如何教育孩子才能胜任父母这个角色，才能教育好自己的孩子。

希望本书能够给家长们以更多的启示，能够帮助家长们找准适合自己孩子的教育模式，能够培养出更适应社会发展的优秀女孩和杰出男孩。

目录

上篇　女孩养气质

第十二章　成就男孩一生的好习惯

导读篇

家有儿女——相同的成长，不同的轨迹

第一章

从小培养孩子的性别意识

> 造物主创造男人的时候，其身份是校长——他的袋子里装满了戒律和原则；可他创造女人的时候，却辞去了校长的职务，变成了艺术家，手里只拿着一支画笔和一盒颜料。
>
> ——印度 泰戈尔

染色体设计的性别差异

据相关数据表明，在许多国家，每100个新生儿中，有51个男孩和49个女孩。于是有人提出这样一个问题：为什么自然产生的男孩数量和女孩数量大致相同呢？为什么自然生产出来的男孩比女孩要稍多一些呢？主要在于染色体。

在每一个新生儿体内都有来自母亲的23条染色体和来自父亲的23条染色体。卵子和精子各自提供了22条常染色体和1条性染色体。生物学家为我们解释，决定婴儿性别的，不是卵子，而是精子。如果卵子是被X染色体的精子授精，就会成为女孩；如果卵子是被Y染色体的精子授精，就会成为男孩。由于X精子和Y精子的数量是基本一致的，所以男女的比例基本上就是一比一的，这就是自然生产的新生婴儿男女数量大致相等的原因。

有趣的X染色体和Y染色体不仅能够决定性别，而且还会决定其他生理特征，比如：男孩一般比女孩要高很多，女孩对疾病的抵抗能力要比男孩好。究其原因，都是染色体在起作用。

首先，是Y染色体使男孩能够长得更高。

生物专家通过研究发现：具有Y染色体将会使最后身高增加约9厘米，也就是说Y染色体包含增加身高的"生长基因"。

其次，X染色体能够使女孩建立更完善的脑神经网络系统。

无论什么时候，男性的精神疾病发病率总是高于女性。男性患认知障碍疾病的人数是女性的1.5倍，男性患有自闭症的数量是女性的3倍到5倍。这种发病率的差异究竟是如何引起的呢？是因为男性没有后备的X染色体。科学家们在X染色体上发现了那些同认知障碍和自闭症有关的基因，而神经元细胞的正常生长则需要X染色体的协助才行。而女性有两条X染色体，也就相当于多了一层保险。所以，相对于女性的脑，男性脑的处境是不太安全的。

再次，是X染色体使女孩的抗传染病能力高于男孩。在儿时的男孩抵抗力的确要比女孩弱很多，时不时地会发烧、咳嗽。如果有传染病来袭，男孩比女孩更容易被感染。当病毒即将侵入体内的时候，人体就会启动"免疫机制"。而男孩和女孩的这种免疫能力却有很大差异。

科学研究表明：到目前为止，能够保证免疫系统正常发挥作用的基因，全部都是X染色体。由于女性比男性多了一条X染色体，所以比男性的免疫能力更强。

当人们不再简单地根据生殖器官来判定男孩女孩的差异，当人们走进染色体的奇妙世界，就更能了解到更多男女之间的差异。

我们都了解男女之间天生的性别差异以及由这种差异引发的心理和伦理等方面的巨大差异。因此，我们已经能够很肯定地认为：在教育子女的过程中，性别不应该被忽略。

在很多人看来，性别教育就是性知识教育，即把"性""别"分开来。例如，教育孩子们了解男女生理结构如何之不同，月经初潮和遗精是怎么回事，教导男孩和女孩各自应恪守怎样的性规范，等等。

实际上，这种关于性别教育的观点是片面的。性别教育不仅仅是指生理上的性知识传授，还包括心理发育问题，更涵盖了人格教育的重要内容。

心理学家研究发现，人在4岁的时候就已经形成性别意识了。孩子在很小的时候根本就没有性别意识，在3岁以后开始朦胧地对性别有点感觉，开始感觉到自己和有些小朋友（也就是异性）有不一样的地方。这时的家长就应该着手对孩子进行性别意识的培养，从着装、行为等方面告诉孩子男孩和女孩有什么不同，以帮助他们形成心理性别。

有些家长会有意无意地把孩子的衣着和玩具异性化，比如给男孩穿女孩的衣服或扎小辫子，这就很可能导致孩子的性别意识混乱，甚至有的孩子会喜欢用相反的性别特征来塑造自己的形象，久而久之，孩子会对自己的性身份认同困难，当他们走进集体生活的时候，会感到孤立和茫然，甚至无所适从，对他们将来的成长极为不利。

在教育子女的过程中，尊重他们的性别特质实际上是"因材施教"理念的一种延伸。每个人都是独一无二的，如果单纯只是因"性别"施教，可能会限制孩子潜在能力的发挥。

因此，我们对孩子的教育与培养，最重要的是尊重孩子成长的步调，根据不同性别的不同生理和心理，有所侧重地挖掘孩子的潜能，进行不同的训练；从性别平等的愿望出发，了解男孩女孩不同的立场、态度、观点及努力方向。

最后，我们还要提醒家长的是，在尊重他们各自不同特质的同时，也要顾及男孩女孩的共性。他们同样是孩子，同样需要满满的爱、呵护与关怀。

睾丸激素催生的调皮男孩

在人们的印象中，多数男孩从小就被贴上调皮捣蛋的标签。这是为什么？男孩真的那么"坏"吗？其实，男孩的这些特征都是睾丸激素作用的结果。

相对于女孩来讲，男孩大多喜欢集体生活，喜欢主宰和控制环境，并善于根据自己的实力来估计自己在集体中的地位。男孩更喜欢竞争，竞争的环境可以使他变得更加兴奋，男孩也更愿意接受挑战，喜欢没有任何理由的冒险。

教育学家通过一项实验得出结论：男孩如果能够从父母身上得到充分的爱和支持，就会比女孩更快地走向独立。

心理学家将男孩称为"有攻击性的小机器"，在运动能力、爆发力等方面，男孩要远远胜过女孩，同时，男孩的动作速度和猛烈程度也会远远超过女孩。男孩喜欢玩冲锋枪，喜欢捉弄小猫小狗，男孩喜欢玩火、喜欢扔石块……他们不会像女孩一样友好相处，他们会在游戏中粗鲁地推倒小伙伴，甚至有意激怒自己的弟弟妹妹，从中得到快乐。

男孩之所以有上述表现，完全取决于体内的睾丸激素。父母了解睾丸激素，懂得相关的养育知识和技巧，才能给孩子以正确的情感影响，使他们的潜力得到最大限度的发挥。

男孩在做事的时候注意力很集中，但是耐久性很差，表现很毛躁。他们经常没有听清指令就盲目行动。

男孩更加富有个性，他们喜欢张扬做事，行事风格看上去果断、大气，富于斗志和进取心。

男孩天生好动，喜欢实践，总是把家里的东西搞坏，他会把家里的闹钟拆掉，或为了听听清脆的响声而把杯子摔在地上。

睾丸激素对男孩的影响远远超过生长激素对男孩的影响，相对于女孩来讲，男孩子更显得精力旺盛。作为父母，需要做的就是帮助男孩找到旺盛精力的发泄渠道。

在学校里教课的老师总会发现有这样的情况：男孩的表现不像女孩那样稳定，要么是班里品学兼优的班干部，要么就是"出类拔萃"的坏小子。这些男孩通常是体格健壮，精力旺盛，注意力集中，喜欢竞争和挑战，而且具有很强的领导能力。

由于男孩总显得精力过剩，使得他们如果不把精力投入到学习或是有意义的事中去，就会投入到恶作剧中去。那么，父母和老师给予正确的引导就变得非常重要了。

有位老师来到新的班级担任班主任，来到之后才知道这是一个"问题班级"，尤其班上几个捣蛋的男生。他们的头领是个看上去酷酷的男生。如何把这些孩子搞定呢？

这位老师开始观察这个男孩，发现他总是面无表情的样子，就找了个机会把他叫过来问道："老师看你在同学当中很有威信，现在我给你一个任务，你每天当警察，负责管理班级的秩序。"

这个男孩简直不敢相信自己的耳朵，一直以来，所有的老师都把他当作有问题的孩子，没想到这位老师会委他以重任，他点点头。

当上"警察"之后的这个男孩，非常认真地完成老师交给他的任务。他的几个"同党"也协助他一起完成班级的管理。这些被赋予职权的小男生一下子充满了正义感，从此之后不捣蛋了，并注意以身作则，慢慢地开始成长进步。

老师看到这样做很有效果，又把这个男孩叫过来："你的工作做得不错，我看你可以当班长，试一试，怎么样？"

这个小男孩简直受宠若惊："老师，不行的，我当不了。"

"要不就先当一个星期试一试。"

男孩很勉强地答应了，结果这个班长挂帅之后就一直干到学期末，而且男孩深知作为班长，是品学兼优的代表，文化课的成绩也提高了不少，班级的风气也越变越好。

原本是个"问题男孩"，不同的教育下何以发生如此大的反差？这位老师以他的亲身经历告诉我们：作为父母或老师要能和这样的男孩交朋友，引导他们把精力放在有意义的事情上，这些男孩往往就会表现得非常出色。反之，如果父母或老师忽视了这一点，没有对男孩耐心引导，对他们的行为听之任之，这些男孩肯定会到处惹是生非，寻求发泄精力的途径。

雌性激素催生的甜美女孩

在古老的童话中，天使说：女孩是用糖、香料以及一切美好的东西做成的。与喜欢刀枪的男孩相比起来，女孩喜欢的东西要美好得多。

也正因为如此，女孩好像看上去更容易养活。女孩喜欢安静，喜欢合作，她们不会像男孩那样喜欢冒险，也不会把家里的电器都拆得七零八碎……

女孩的荷尔蒙通过链接大脑里的细胞来告诉体内成千上万的细胞该做什么，规划着女孩的未来。尽管一个三四岁的女孩不会经历荷尔蒙循环的周期，但当荷尔蒙在女孩的体内发生作用的时候，她就会以一种特有的方式来面对生活：

女孩的情绪变得越发敏感，会突然间哭个不停，如果家长问她原因，她会说："呜……我想多多。"

女孩对父母更加依赖，有的时候甚至不敢在自己的房间里睡觉。

女孩对自己喜欢的人总是乐于讨好：她会讨好父母，讨好老师，甚至想讨好所有的人。

女孩的自尊心更加强烈，如果有人说她长得不漂亮，她就再也不搭理他了。

女孩更喜欢和大家一起玩，不喜欢独自行动，而且对周围的人都很友善。

女孩更喜欢比她还小的小孩，也喜欢小动物。

……

雌性激素对女孩的生活有着重要的影响，它控制了女孩的情绪，它促使女孩对周围的人更加亲昵，它帮助女孩提高了思考的能力。女孩的体内也有睾丸激素，但只是男孩的1/20，所以女孩没有男孩的侵略性，且更容易受到抑郁症的折磨。

荷尔蒙对女孩的个性、情感、道德、精神和身体发育都有着非常重要的作用，它使女孩不像男孩那样富有攻击性和冒险行为，而是更具有预测能力，更加谨慎细心。女孩把友谊看得格外重要。

荷尔蒙导致女孩的情绪变化无常。当女孩哭泣的时候，我们需要紧紧拥抱她；当女孩想说话的时候，需要我们来和她交谈；当女孩遇到困难的时候，需要我们来帮助她。对于女孩，我们要给予最高境界的耐心，最好的体谅，最无微不至的关怀，并且重视女孩对亲密关系的需求，经常送给她们小礼物，温馨的卡片。

月经周期对女孩也有很大的影响。一般在月经之前的两个星期，女孩的情绪比较稳定，而后的月经期，女孩会变得经常生气、易怒、神经过敏、悲伤、失望、缺乏自尊，给人的感觉就是她的大脑短路了。

现在的孩子大多数都是独生子女，在家庭当中都是"三千宠爱在一身"，往往缺乏与其他小朋友交往的经验，这非常不利于他们成为具有良好社会属性的人。尤其是女孩，她们原本就很注重与人交往的这种成功体验，如果在交往方面出现挫折，那会使女孩感到格外沮丧甚至是失落。

对此，家长可以把女孩身边的小伙伴们看作是一种资源，帮助女孩学会交往。

首先，家长可以创造机会让女孩与比她大的哥哥姐姐在一起玩。哥哥姐姐比她大，一定会让着她，这样一来，女孩可以充分感受到哥哥姐姐的关怀与谦让，并且这些哥哥姐姐的行为也为她提供了一个可供模仿的典型。

其次，家长可以通过游戏来培养女孩与其他小伙伴的友好交往。游戏是每个孩子都不可缺少的基本活动，作为家长可以通过游戏来促进女孩的各方面成长，让女孩在游戏中学会交往与合作，并形成一定的角色意识，在一定程度上提高语言交往的能力。

再次，巧妙利用玩具，促进女孩交往。

女孩都喜欢玩玩具，作为家长可以鼓励女孩把她最心爱的玩具拿到学校与别的小朋友一同分享，让他们通过玩玩具来沟通感情。女孩首先享用自己的玩具，而后就会玩别人的玩具，在这样的过程中，她会逐渐学会与同伴分享，学会相互谦让，有助于培养良好的社会交往能力。

一个无论在语言表达，还是与人交往方面都很出色的女孩，她的精神世界也是开朗明亮的，她的笑容也是最甜美动人的。

正面管教：让孩子远离娘娘腔与假小子

几十年前，美国著名的预言家阿尔文·托夫勒预言了世界发展的十大趋势，其中就包括了男女性别逐渐趋于中性。而时下的"中性"的确已经作为一个时尚的词汇，频繁出现在我们面前。

走在学校的校园，我们不难看到超短发型、宽边眼镜的女生打扮，并且这样的人群还有增多的趋势，她们觉得这是一种时尚。不仅如此，一些男生性格文弱、细腻、敏感，女孩子却泼辣、粗狂，这样的情况在中学校园里也不是少数现象了。

香港中文大学的张雷教授曾经对北京、上海、深圳等大城市近1000名家长进行调查，结果发现有近九成的学生出现不同程度的中性化趋势。尤其是有90%的家庭都用男性化的教育观念来教育女孩，这种现象产生的原因在于父母倾向于用传统的价值观来鼓励独生子女适应社会中的发展和竞争。

在北京海淀区某知名小学，一个班的学生干部中有9位是女孩。在小学，班干部由女生担任是很平常的事情。现在女生无论是学习成绩，还是爱好特长，无论是待人接物，还是组织活动，都普遍比男孩要强。

"假小子"已经成为个性的代名词，"野蛮女"也已经成为最时尚的元素。很多家长在对女孩进行培养和教育的时候，就希望她们在个性上能够迎接越来越多的挑战，能力更加全面，行动更加果断。

今天的社会，对女孩的认识趋于多元化，像李宇春那样的女孩反倒受到热烈的追捧。张雷教授认为：女性中性化是全球大众文化中的一种趋势，并且还会包括男性女性化。

随着社会的变迁，我们对于性别的认识已经采取更为理性的姿态，中性化作为一个时尚的词汇，越来越被我们熟悉。

有一位心理咨询中心的分析员这样分析女孩逐渐呈中性化的原因：因为在心理学中有这样的理论，兼有男性和女性特征优势的人比较灵活，更擅长人际交往，更容易被社会接纳，具有更强的社会生存能力，并且在学生圈里，性格洒脱、直爽、带点男子豪气的女孩在青春期的交往中更受人欢迎。

丽丽从小就喜欢和男孩子在一起玩，别人问她原因，她就说："和女孩一起玩容易吵架，和男孩在一起玩，大家都会让着我，不像小女孩一样有那么多事。"丽丽不喜欢玩布娃娃，也不喜欢穿裙子，而喜欢爬树掏鸟窝，打弹球拍码号，性格大大咧咧的，别人都说她是个"疯丫头"。

丽丽渐渐长大了，进入了谈婚论嫁的年龄，可她周围的男孩子都把她当作是"哥们"，好像忽略了她是个女孩子，看着周围的同学一个一个都有了男朋友，丽丽有点着急了。

难道性别真的可以忽略不计吗？当性别失去了严格的分类之后，男性和女性的概念也就失去了意义。女孩可以具有男孩的出色品质，比如勇敢、坚毅，男孩也可以具备女孩的优势，比如细心、周到。但是，男和女毕竟是一种自然的属性，不可能从根本上进行颠覆，如果违背了自然的法则，将会出现很多不自然的后果。

震震从小就失去了父亲，同自己的妈妈和外婆生活在一起。因为是家里唯一的孩子，长辈们都很疼爱他，可以说是关怀备至。

在成长的过程中，家人也从来没有给他灌输过关于性别的知识，他也没有感觉到什么，与外婆和妈妈生活在一起很自在，没有感觉自己和别人有什么不同。上了小学之后，震震就很自然地和班上的女生玩到了一起。久而久之，就偏向女生的性格：说话小声小气，一副女孩子的口气，这就是人们常说的"娘娘腔"。男生们呢，常常嘲笑他，甚至是欺负他，虽然有一群"小姐妹"半路为他两肋插刀，可是震震心中有一种挥之不去的难过。

震震大学毕业之后，一直都找不到合适的工作。无奈之下，家人帮他找到了一份工作，因为男同事很多，他无法适应那里的工作环境和工作压力，没有过试用期就被辞掉了。

类似的例子不胜枚举。因此，作为家长，对"娘娘腔"和"假小子"现象一定要引起足够的重视。从小对孩子进行正确的性别指引，避免孩子养成不男不女的中性性格。只有生理、心理都健康成长的孩子才是这个社会所需要的和能够接纳的。

第二章

走出无差别教养的误区

教育儿童通过周围世界的美、人的关系的美而看到精神的高尚、善良和诚实，并在此基础上在自己身上确立美的品质。

——前苏联 霍姆林斯基

不可忽视的中性化危机

很多家长在聊天的时候，会达成这样的共识：现在女孩的穿着、行为越来越像男孩子，喜欢穿着男士型号的运动衣，还和班上的男生以"哥们"互称；而小男孩，则开始喜欢上打扮了，流行穿粉色的T恤，每天早上一定要经过"精心打扮"才肯出门，保湿霜、啫喱膏都是男孩的法宝，个别男生的耳朵上还扎了耳洞。

男孩过于软弱，女孩则表现得积极进取，在现在的学校中普遍存在着这样的问题。问题出在哪里？有些专家特地对此进行调查，并了解到了其中更严重的问题。

其一，对学习感兴趣的男孩在减少

一所重点中学的女高中生提到：全年级17个班级900多人，成绩位于全年级前50名的学生中，女生占到了3/4，而且成绩排到末尾的男生人数也比女生多。这位女高中生感到：班里大多数女生都表现得努力、认真、刻苦并严格要求自己，而相比之下男生则表现得缺乏自制力。有的男孩上课时会走神，发现成绩落后了也不思进取，甚至是自暴自弃，对成绩无动于衷了。

其二，男孩不再有远大的理想和抱负

有的教育专家认为，现在的男孩在教育上出现了一些问题，很重要的一点就是男孩从幼儿园到小学、中学，遇到的老师大部分都是女老师。女老师喜欢听话的男孩，不太喜欢那种调皮捣蛋的男孩。而男孩的教育恰恰需要的就是宽松，不可以用很僵化的要求去管理。"男孩子要有抱负，有信念，更需要粗狂和豪迈。"

其三，男孩的抗挫折能力弱化，没有承担责任的意识

　　有一位老师深切地体会到，现在的男孩子和过去相比，男子气概弱了很多，没有表现出男子应该有的个性出来。"现在的男孩子很柔弱，缺乏责任和担当，遇到不顺心的事，情绪就会表现出来。"有些男孩说话的时候扭扭捏捏，生气就跺脚，真的是和女孩子没有什么区别了。

　　调查显示，父母对女孩的教育方式越来越趋于男性化，比如鼓励女孩在和人交往的过程中影响他人、领导他人。与此同时，越来越多的男孩在不同程度上很明显表现出了女孩的阴柔气质。这种情况在校园里已经不算少数，教育中出现的性别趋同化，已经成为一种社会现象，足以引起社会的深思。

　　这种现象不仅仅出现在中国，目前在全世界都已经出现了这样的趋势。美国有一个《男士健康》的杂志就曾经做过"美国男人心中最性感的50位女人"的调查，结果显示，如今男人对女人的评价标准已经发生了改变，那些以容貌骄人的明星们都排到了30名之后，美国的第一夫人希拉里因其"有权力和自信心"而排名第一，相貌平平的政界精英奥尔布莱特居然排名第六。

　　女性群体的男性化以及男性群体的女性化已经成为当今世界范围内独特的青年文化现象。这足以引起家长的思考，难道在教育子女的过程中，性别真的可以忽略不计吗？

　　答案是否定的。作为父母，千万不要忽视男生女生教育方式的差异。教育，需要更好地尊重性别差异。

1. 面对儿子，父母要做出"阳刚"的示范

爸爸平时工作再忙，也要抽时间陪孩子。告诉孩子男孩有着意想不到的力量，将来可以开汽车、开飞机，还可以坐火箭……周末的时候，带着他去爬山，去运动场，去骑行，等等。久而久之，性格柔弱的男孩也会慢慢了解自己的力量，逐渐成长为真正的男子汉。

2. 面对女孩，培养女孩的自信心

大多数女孩都是敏感的，一旦她感觉到别人忽略了她，就会认为是别人不喜欢自己了，从而产生强烈的负面情绪。

女孩小的时候都是妈妈的"小跟屁虫"，总是格外地依恋妈妈。后来随着年龄的增长，女孩的眼界也在逐渐开阔，她们的注意力开始更加关注、探索未知的新鲜事物。

那么，作为父母，应该怎样做呢？

一位父亲介绍了自己的经验：

从女儿上小学开始，我就注意鼓励和夸奖她，对她做事的态度进行肯定。

这位父亲的教育方法就非常科学。这时如果父亲总是夸奖女儿漂亮，那女儿会很容易把注意力放在自己的外表上。父母对女儿品质的夸奖，可以为女儿指引正确的努力方向。

时时把控孩子的性取向

无论男孩女孩，在幼儿期都不会对自己的性别表示出多大的关注。因而，导致孩子表现出异常性别取向的原因多半来自周围的环境，父母和家庭的影响最为直接，其次就是影视、报刊等传播媒介对孩子的影响。作为父母，把控孩子的性取向至关重要。

很多父母在孩子尚未出生之前，就会对孩子有了一种性别的企盼。有一些父母生了个男孩，却偏偏想要个女孩，于是就违背客观事实，按照自己的意愿去打扮孩子，使孩子的性心理扭曲成长。

影响孩子的性别取向的因素主要有：

1. 孩子对父母的感情

顺应异性相吸的天然原则，男孩一般会多少有恋母的情结，女孩会更趋向于恋父的情怀，这是很正常的现象。但是如果孩子过于依恋父母中同性的一方的话，则将来长大后会对同性更有好感，很容易出现同性恋的倾向。

2. 父母的性别角色

如果父母双方所扮演的不同的性别角色比较规范的话，孩子就会感受到父母各自的优秀品质，会加深对父母的崇敬和爱慕。但是父母的性别特点不可过于悬殊。比如父亲过分男性化，母亲总是一副女性柔弱的样子，孩子会觉得父亲"高不可攀"，母亲看上去羸弱可怜，这样的孩子将来就很难对异性产生好感。

因此，作为父母，在孩子小时从小就该给孩子立一个明确的性别指示牌。让孩子知道自己的性别，并朝着有利的方向发展。

事实上，很多家长对孩子的性教育都感到头疼，觉得不知道如何向孩子说明，而且即便是有所关注，也是将目光投向生理方面。性教育该怎样进行，它的缺失会造成哪些问题，都已经引起了社会的关注。如果孩子从小对性有一个正确的认识，把它看作是正大光明，那么他就倾向于发展成为正常、健康、幸福的人。

性教育应该是要结合性别角色进行的。性别角色的教育，就是让不同性别的孩子展现出与性别相应的特点，即符合"原型要求"，男孩子就要体现出阳刚之气，女孩子就应该表现出阴柔之美。人类学家认为：人的生理性别是天生的，而心理性别则在于后天的教育，这尤其取决于儿童期接受的成人的影响和教育。

在日常的生活当中，家长还有其他的人常常会很自然地对孩子的性格给予指导，比如给女孩穿粉色的衣服，给男孩穿蓝色的衣服；把男孩称为"大胖小子"，把女孩成为"小毛丫头"；当男孩摔倒了的时候，父母鼓励他自己爬起来，当女孩摔倒了之后，则被父母抱起来。通过这些提示让孩子明白了自己是男孩，还是女孩。

通过对孩子进行教育，让他能够明确自己所要扮演的性别角色，以及在这样的一个角色下他要成为一个什么样的人，应该承担什么样的社会责任，怎样尊重异性以及和别人的交往合作。如果孩子在幼年的时候就遭遇性别的认同障碍，对性别的认同出现模糊，长大之后的性取向就很可能出现大问题。

大力和小蕾是一对双胞胎兄妹，爸爸妈妈都注意到了对孩子的性别指导，同时还鼓励孩子向对方的优点学习。有一次家里的暖气管跑水了，大力表现得很勇敢，主动跑上前去堵住水龙头，爸爸妈妈高兴地表扬了他，还告诉小蕾要像大力学习。家里做卫生的时候，小蕾把桌子擦得干干净净，爸爸妈妈就告诉大力应该多向妹妹学习。

两个孩子在这样的取长补短中快乐地成长着：大力吸取了女孩的优点，做事粗中有细；小蕾则吸取了哥哥的优点，表现得落落大方。

像大力、小蕾他们父母这样的做法是可取的。性别没有优劣，但是各具特色，不论是男孩或是女孩，都应该在发挥自己性别优势的同时，注意学习异性的优点，克制自己性格上的弱点，完善全面的人格。这种"双性化"的发展是在保留本性别固有的特征基础之上，糅合异性优秀特征的发展。

无论男孩女孩，既能够认可自己的性别，又善于吸收异性的优点，这才是一种真正的性别平等教育。

男孩女孩的差异化教育

无论是男孩还是女孩，家长都希望他们会成长为一个正直、善良、勤劳的人。与此同时，还希望女孩更加温柔富有同情心，希望男孩能更加坚定、果断。家长们都抱有这样的愿想，差异化教育就显得尤为重要。

因为，如果在孩子小时候不能为这些品质打好基础，当他们在成人之后很可能就负担不了家庭和社会的角色。比如，男孩在小的时候如果没有经受过锻炼，成家之后就干不了最起码的家务活，把家庭的责任推卸开。同理，女孩如果过于独立自主，缺少温和、耐心和宽容，将来便不可能照料好家庭。家长在教育孩子的时候，应该是为他们的一生着想，为他们做长远的规划，这样他们才能赢得一生的幸福。

著名思想家卢梭说：既不能说一种性别完全不同于另一种性别，又不能说两种性别完全一样，也不能说某种品质隶属于某种性别，男性和女性具有这些品质的程度应有所不同，因此培养男孩和女孩的目标、方法和途径应有所不同。

男孩女孩的发育很早就表现出生理上的差异，体能也不一样。男孩一天的能量总消耗略高于女孩，他们通常会跑得比较快，臂力也比较好。而女孩的平衡感比较好。男孩的游戏通常比女孩的游戏更紧张激烈，喜欢玩打仗的游戏，女孩则主要是玩和生活有关的比较平静的游戏，比如过家家等。

如果问一个女孩将来想做什么，女孩会说想当医生、老师、芭蕾舞演员，而男孩的回答则是宇航员、飞行员、科学家、警察等。孩子所倾向的职业与他们的性别有很大的关系。

在成人看来，女孩对成年人有很大的依赖性，而男孩则有很大的攻击性和独立性。

虽然孩子将来的发展与先天因素有很大关系，但是教育却起着决定的作用。很多家长觉得自己对待男孩女孩的教育都是一样的，实际上不是的。

男孩与女孩这些天生的差异促使家长不得不去思考：怎样促进不同孩子的心理发展。当男孩遇到不开心的事情时，父母习惯于和孩子进行交流，而女孩遇到不开心的事情时，父母则给予更多的安慰。在家庭中，女孩似乎总会比男孩得到更多的温暖、关怀和鼓励，受到表扬的时候也比较多，而男孩受到惩罚的时候相对更多。可见，在对待男孩与女孩的教育问题上，还是需要遵从他们的性别特点，找到最适合的教育方式：

方式一：父母分别做男孩女孩不同的偶像

通常来讲，女孩性格的形成受母亲的影响是最大的，男孩性格的形成受父亲的影响是最大的。

有的妈妈喜欢乱发脾气，经常对家人大喊大叫，给家庭制造一种不祥和的气氛。而有的妈妈对待家庭成员都很亲热，对丈夫很尊重，并且尽力教育孩子，让家庭有凝聚力。两个不同的妈妈肯定会培养出两个不同的女儿，第一个妈妈培养出来的女儿肯定不能把家庭照顾得细致周到，而第二个妈妈培养出的女儿在将来一定是个好妈妈，她会把一种宽大友爱的气氛带到家庭中。

同样的道理，如果作为父亲总是逃避对家庭的责任，对待家人粗暴且漫不经心，那男孩在将来长大之后也会具有这些特点，不能成为家庭的顶梁柱。如果父亲在家中能够很好地扮演自己的角色，主动承担更多的责任，耳濡目染下的男孩在将来一定会成为一个真正的男子汉。

当然，母亲对儿子的影响，父亲对女儿的影响也同样重要。母亲那种鲜明的女性气质同样有助于男性气质的影响，父亲的那种男性气质则有助于女儿表现出女性气质。因此，双亲对子女的影响都是十分重要的。

方式二：分配给男孩女孩不同的家务劳动

父母在给孩子安排家务时也要考虑到孩子的性别。对于男孩，可以让他做一点力气活，女孩则可以帮助妈妈摆摆餐具，洗洗毛巾。

妈妈可以带上女儿让她一起来做饭，还可以教她学一点纺织、刺绣方面的知识，教她发现自己身边美好的事物，并尽可能地把美带到家庭生活中来。在与女孩的劳动过程中，妈妈要鼓励女孩爱护小动物和植物，教给女儿用温和的方式来解决问题。

而对于男孩，家长可以让他到黑灯的房间去取眼镜，让他帮妈妈背书包，帮爸爸修理椅子等等这样的活动。家长在教育男孩的过程中不要忘记他是未来的男子汉，是家庭的支柱，所以对他不要娇惯，要给他展示意志和勇气的机会。

正面管教：找到合适的教养方式

婴儿从出生的那一天起就已经被性别化了。父母从孩子出生开始就将孩子安放在符合他性别的世界中。家长给小女孩穿上色彩柔美的衣服，戴上漂亮的饰品，而男孩的服装，无论从样式还是色彩都非常简单，并且毫无装饰。

毫无疑问，每个人的成长都是基因与环境共同作用的结果。一个孩子是男是女，他们自己起初并不了解，而这种性别的认同意识是在后天的养育过程中由大人灌输的。生理性别是天生的，但心理性别是与社会交互影响的产物，它会随着时间和文化的不同而改变。

时代的不同，社会对性别的态度也会产生变迁，以至于家长需要以不同的教养方式来养育子女，以期被社会所接纳。社会早就为男孩和女孩规定好了，他们所要在社会扮演的角色从一出生的时候就注定了。当小男孩在玩布娃娃的时候，就会被认为是将来没出息的晦气兆头。

对于孩子来说，只有父母能够影响他的一生。而父母与孩子之间亲子关系的质量高低也很大程度上决定了教育的成功和失败。要想帮助孩子找到适合他们的好的教育方式，需要家长做些什么呢？

1. 家长要读懂自己的孩子

有的人把孩子形容为一本书，为什么这样说呢？因为孩子的内心世界实际上非常丰富，可惜很多家长并不留心去了解，也不给孩子表现自己的机会，这样的教育就是缺乏互动。家长首先做到了尊重孩子，才会得到孩子发自内心的尊敬和认可。因此在日常的家庭生活中应该养成平等协商或谈判的风气，凡事坐下来心平气和地沟通一下，再难以逾越的鸿沟都可以顺利地抹平。

2. 要尊重孩子，并且允许孩子犯错

心理教育学专家经过研究得出的结论是：一个人只有在自尊自愿的状态下，才能够释放出自身的潜能。父母要懂得尊重孩子，把他当成一个独立的个体，孩子才能逐渐培养起珍惜自己权

利的意识。

相信每个孩子最初的心扉都是向父母敞开的，但是往往是因为不耐心的父母口无遮拦地抱怨甚至责骂，使孩子向父母关紧了诉说心意的门，他们情愿与自己的小伙伴去诉说，也再不愿意向父母透露一个字。可怜的父母虽然很爱自己的孩子，却始终不能走入孩子的内心。

孩子在犯了错误之后，往往都会有些后悔甚至自责，这个时候如果父母以宽容抚平孩子内心的不安，并适时进行教育，相信孩子一定能够将父母的教诲牢记在心。父母不要奢望自己的孩子不犯错，因为当孩子犯错的时候，恰好就是我们要教他的时候，这是实行教育的黄金时刻，聪明的父母一定会抓住这最好的教育时机。可惜的是有些父母并不懂得这个道理，看到孩子犯错误了，顿时火冒三丈，失去了冷静，只顾得生气忘记了教育。父母这样的态度，也可能使孩子因为恐慌而做出撒谎、抗拒，甚至出走的举动，导致问题复杂化，甚至会演化为一场悲剧。

3. 对孩子的任何行为都要表现出宽容和鼓励

宽容对孩子的感动胜过惩罚的教育，对孩子的鼓励和肯定，会促进他发现自己的长处和能力，继而对自己更有信心。

无条件地爱孩子，相信每一个孩子都会成为好孩子。每个孩子都蕴藏着有待挖掘的巨大的潜能，做父母的一定要让孩子多做一些力所能及的事，让他们能够获得更多的成长喜悦。

教育的方法不是千篇一律，而是要根据孩子不同的个性制定不同的教育原则。选择适合自己孩子的教育方式才是最佳的教育方式。

上篇
女孩养气质

第三章

有气质的女孩最高贵

　　气质之美，与其说是来自内心的修养，不如说它是来自一种
对美好事物的欣赏能力。这种欣赏力就使一个人的言谈举止不同
流俗。

——法国　罗曼·罗兰

找准女孩的教育点

　　正如现在社会所宣传的那样，真正会理财的人，不是赚了很
多钱然后大手大脚的人，而是能够在有限的经济收入条件下，把
日子过得有滋有味的人。同理，会教育的人不是一天到晚都守着
孩子不放松的父母，而是在保证自己的生活和孩子的成长的条件

下，教育得最轻松最白如的父母。

我们常常看到一些不合常理的现象：经常被父母管这管那的小孩，反而什么都不会做；很少被父母批评和干涉的小孩，独立生活的能力更强。是因为"清者自清浊者自浊"吗？当然不是，而是两种家庭的父母在教育上的着力点不同而已。

当你找到了正确的教育点，可以像科学家说的那样，用一个支点撬起整个地球来。我们可以看看居里夫人的故事。

居里夫人本名玛丽，1867年出生于波兰华沙市，当时波兰正在俄国统治之下。她的父母都是教师，失业后承包了学生食堂，年幼的玛丽也要帮忙做饭。父亲告诉他："你要热爱你的民族。"这句简短的话，对居里夫人一生都产成了无尽的影响。

中学毕业后，玛丽当了家庭教师。后来，她到巴黎索尔本学院刻苦求学，废寝忘食。最终在索尔本学院的学位考试中，玛丽以优异的成绩获得了物理学硕士第一名。

1914年当德国侵略军逼近巴黎的时候，居里夫人带着大女儿毅然走上了反侵略战场。居里夫人研究用汽车上的发动机发电，在汽车上安上一套X光射线设备，士兵们亲切地叫它"小居里"。几十年来，居里夫人由于长期从事放射性物质的研究工作，放射性元素严重伤害了她的身体，她患上了白血病。同时，她还患有肺病、眼病、胆病、肾病，甚至患过神经错乱症。在居里夫人看来，科学研究要比她本身的健康更重要。她曾为了能参加世界物理学大会，请求医生延期施行肾脏手术；她曾带病回国参加镭研究所的开幕典礼；她曾忍受着眼睛失明的恐惧，顽强地进行科学研究。直到她生命的最后一刻她仍然要求女儿向她报告实验室里的工作情况，替她校对她写的《放射性》。居里夫人1934年7月4日病逝，她把她的一生完全献给了伟大的科学事业。

玛丽的父亲用一句话成就了女儿伟大的一生，一个热爱民族的女孩，还有什么问题不能解决呢？同样的，居里夫人也用一些简单的生活哲学，养育了一对优秀的女儿。

在养育女儿的过程中，居里夫人没有把小孩子扔在家里让她和姐姐玩耍，以科学之名推脱自己身为母亲的责任。在笔记本上，居里夫人像做实验一样每天记载着小女儿的体重、吃的食物和乳齿的生长情况。"伊蕾娜长了第七颗牙，在下面左边。不用人扶，她可以站立半分钟。三天以来，我们给她在河里洗澡，她哭，但是今天她不哭了，并且在水里拍手玩水……"

在一本食谱的空白处她写道："我用八磅果子和等量的冰糖，煮沸十分钟，然后用细筛过滤。这样得到四罐很好的果冻，不透明，可是凝结得很好。"

居里夫人第二次获得诺贝尔奖时，特地带上了女儿伊蕾娜，让她与自己分享这份荣耀。"一战"爆发以后，居里夫人征求孩子们的意见，是否同意将保障她们生活的财产捐给国家，两个女儿都欣然同意了。随后，她们又加入战地救护的队伍当中。居里夫人用自己的专业知识，亲自创设并且指导装备了20辆X光汽车和200个X射线室。没有司机的时候，她就自己开车到外面营救伤员，遇到故障，她就下车自己动手修理。

作为一个年轻的母亲，居里夫人并没有比别人有更多的优势，她有科研项目，还是一个寡妇。但她坚强的意志和乐观勇敢的生活态度，使一切都不能将她击倒。这种品格，也影响着她的女儿们，最终，伊蕾娜也成了诺贝尔化学奖的获得者。

每个孩子都可成才，关键是找到激发其潜力的关键点。只要教育方法得当，出身再平凡的孩子也能成大器。

利用现有资源对女孩因势利导

很多在北京读完大学或工作过的人说："我真后悔当初没有

多去几家博物馆、多逛几个展览馆，多听听歌剧，多看看电影，多参加比赛……总之，北京这里的资源都被自己浪费了！"

确实，我们身边有很多的资源可以利用，在教育上也是如此。如果你想给女孩很多书，你可以带女孩去市里最好的图书馆；如果你想要培养女孩的音乐天赋而苦于没有很好的乐器和教师来教她，至少你可以让她多去听听学校的音乐会，去音乐学院的小路上走走，感受一下艺术氛围。

如果我们把教育看成是在一个封闭的空间进行时，会让很多父母在精力上和能力上捉襟见肘。如果你将教育看成是女孩的"社会化"，你身边就有很多教育资源可以利用。

有形的资源，是图书馆、博物馆这类的公共设施。但是很多人即使身在大都市，也不能很好地利用身边的资源。更重要的是，我们生活中还有更多比图书馆有价值、有能量的教育资源被忽视。比如我们的成长环境、时代的背景，等等。也许这样说很多家长都不是很明白，那么我们来看看著名的记者法拉奇的故事。

法拉奇出生在"二战"中，当美国飞机轰炸她居住的佛罗伦萨时，她还是个孩子，蜷缩在一个煤箱里，恐惧得号啕大哭。一旁的父亲不但没有安慰她，反而给了她一记重重的耳光："女孩子是不哭的。"从那以后，法拉奇跟着父亲从事地下活动，学会了使用手榴弹，父亲的英勇形象也成为让她骄傲和效仿的对象。

亲眼目睹"二战"的法拉奇，一直无法摆脱法西斯的阴影，她厌恶德国，厌恶法西斯和一切形式的极权主义。"我不知道纳粹分子和德国人是两码事，所以我对德国产生了刻骨仇恨。"仇恨和反抗，是法拉奇从父亲那里学到的生存智慧，直到她成名之后也承认："我永远忘不了那记耳光，对我来说，它就像一个吻。"这个吻擦干小女孩的眼泪，带走了她的懦弱，让她像一个勇士一样勇往直前。

法拉奇从16岁开始做新闻写稿人，22岁时，已经是个小有名气的记者，她的新闻稿具有鲜明的个人色彩，这让她得到了在更大的媒体工作的机会。但是，她从不认为自己只是个记者，"想想吉卜林、杰克·伦敦和海明威，他们是被新闻界借去的作家"。法拉奇一直想像海明威那样，做一个虽然从事新闻工作，但是不失自己的作家才华和声誉的撰稿人。

也许是为了保持自己的个性，法拉奇做事总是充满激情，但也比较任性。她采访皇室成员的时候，记者们要求她召开记者招待会，第二天报纸的标题是《她让皇后等待》。诸如此类的事件多了，人们渐渐感受到了法拉奇的风格。

　　这种风格为她赢得了读者，但也让她失去了工作，因为她坚持自己的风格。不愿意做别人强迫她做的事。当她收到解聘通知单时，编辑对她说："永远不要往吃饭的碗里吐口水。"

　　"我就要吐，然后给你吃。"

　　其实，法拉奇不是在往自己的饭碗吐口水，她不愿意弄脏自己的碗。她对自己的作品精益求精，在她的文学作品《印沙安拉》出版以后，法拉奇就不肯再谈论她早期的《好莱坞的七宗罪》和《无用的性别》。她觉得自己年轻时候的文章都不成熟，那些花俏"会损害严肃负责"的形象。这两本书她拒绝再版，还强烈反对选取她的文章出版作品集的行为，"我觉得这样做太可笑了"。

　　法拉奇从不向权利谄媚，越是想让她"冷静"的人，越容易引发她的报道热情。或许她一直不认为自己是在撰写新闻，而是在完成一部荒诞离奇的小说。

　　战争让法拉奇变得坚强，而把魔鬼一样的战争变成教育的阵地的，就是法拉奇的父亲。"你必须学会如何活下去，而不是流眼泪。"这样的话对年幼的法拉奇来说，就是一堂生动的生命课。

其实，我们生活中经历的任何一个困难，任何一次失败，任何一个新朋友，都是教育的绝佳机会。正如艺术家说的那样，生活中不是缺少美，而是缺少发现美的眼睛；生活中不是缺少教育资源，而是缺少发现教育资源的父母。

培养女孩灵魂上的富足感

西方有种说法，当人死亡之后，他的体重减轻了21克——那是灵魂的重量，他们还说，由于狗死后体重没有变化，因此狗没有灵魂。灵魂，被科学家们在完全密封的环境中称出来的这个数字，用更直观的说明是，不足两袋速溶咖啡的重量，但对人却有着至为重要的作用。

如果一个人活着没有原则，没有信仰，没有追求，我们就说他是没有灵魂的人，是行尸走肉。文学作品中有很多这样的形象，比如华盛顿·欧文的《魔鬼和汤姆沃克》中的汤姆，把灵魂出卖给了魔鬼，魔鬼对他说："你要勒索债券，取消抵押的赎回权，把商人逼到破产……"汤姆利用魔鬼交给他的方法，变成了一个有钱有势的人。他为了炫耀自己，给自己造了一栋大房子，然而由于他的吝啬，房子的大部分没有盖完，里面也没有家具。他给自己配了马车，但是却要把马饿死了；欧文在文章中这样描绘："当那些没有上油的车轮在车轴上尖叫悲鸣时，你会觉得你听到了他压榨的那些借债人灵魂的呼喊。"

像汤姆那样的为了金钱而出卖灵魂的人，任何国家的历史中都有很多。他们不仅存在于作家笔下，更存在于生活中。一个人一旦没有了灵魂，他们的一生都将和罪恶、耻辱、贪婪相连。

然而，令人感到惊讶的是，往往越是富有的人越容易迷失灵魂。原本在贫穷的生活中能够勤勤恳恳的人，突然一下子暴富之后，往往会丢掉以前吃苦耐劳的习惯，贪婪懒惰到一发不可收拾。有时候，物质就像是灵魂的宿敌。隐居深山清贫度日的人往往志向高洁，身居闹市尽享荣华的人往往流于恶俗。

所以，我们在讲富养女孩的时候，似乎是在宣传一个矛盾的思想：既然要让女孩在物质上得到尽可能好的照顾，那又为何在意灵魂上的富足呢？

因为灵魂的贫富，才是生命的贫富标准。一个富有的人可能是一个精神上的乞丐，一个贫穷的人可以是思想上的富翁。

金钱固然很重要，理财也是人生必需的课程，但金钱的最终目的是为了更好地生活，如果只看重富养的外在形式，而忽略了女孩的精神成长，就像一个人的两条腿一长一短，是不能匀速稳当走路的。越是在强调金钱至上的社会里，父母越是要保护好女孩的心灵，让她在精神上成长得健健康康。

明清之际，有个名人叫王夫之。他是个大学问家，曾经组织过反清复明的运动，晚年在湖南西部的石船山上写书。他们家世代为官，家境很好，也很有名望。

他嫁女儿的时候，人人都想看一看王家的家底到底怎样，以为他会准备什么稀奇嫁妆。结果，新娘子上轿之前，王夫之拿出一个小箱子，交给女儿说："这是我为你准备了几十年的嫁妆。"媒婆打开一看，里面全是书和纸稿！

见到众人失望和惊愕的表情，王夫之对女儿说：别小看箱子里的东西，那是我一生研究的学问，说的是怎样做一个有骨气、有出息的人的，什么金银财宝也比不上有用的知识。

女儿明白了父亲的用意，顿时觉得非常骄傲，风风光光地上了花轿，热热闹闹出嫁了。

别人嫁女儿要求风风光光，但是王夫之嫁女儿只送书本。因为他坚信学问对女儿生活的帮助，比任何嫁妆都值钱。一个女孩到了婆家不明事理、不知道孝顺长辈体恤亲友，不能好好地扶持丈夫的事业，不能给孩子们树立正面的生活榜样，不能把做人的道理和读书的方法等传授给孩子们，这样的女儿嫁出去也难得幸福。

把书籍当成女儿的嫁妆，在历史上并不多见，因为我们往往看重了物质在生活中的重要性，而没有看到人过得幸福与否，更大程度上取决于精神上的满足与否。理性的家长在教育的过程中，更要注重培养女孩在精神上的感受。让孩子切身感受到被关爱、被呵护。

公主气质是富养出来的

提到公主，很多人都会第一个联想到那些童话中美丽、善良、单纯的主人公。公主最大的美丽就是能够赢得别人的喜欢，而这放到现实社会，就是能够得到更多人的帮助、关心和信任。

提到气质，我们也试着给它下一个定义：气质是指人相对稳定的个性特征、风格以及气度。性格开朗、潇洒大方的人，往往表现出一种聪慧的气质；性格内向、温文尔雅，多显露出高洁的气质；性格爽直、风格豪放的人，气质多表现为粗犷；性格温和、秀丽端庄，气质则表现为恬静。无论聪慧、高洁，还是粗犷、恬静，都是一种气质美。

气质美看似无形，实则有形。它是通过一个人对待生活的态度、个性特征、言谈举止等表现出来的。走路的步态，待人接物的风度，皆属气质。

气质是女性征服世界的利器，就如同一座山上有了水就立刻显现出灵气一样。一个女性只要插上了气质的翅膀，就会立刻神采飞扬、明眸顾盼、楚楚动人起来。

富养女孩，就是要将女孩养育成一个"公主"，不单纯指物质方面的满足，更重要的是精神上的富足。富养二十载，女儿必定美丽、温柔、贤惠，善察人意而又心地善良、纯真、诚实、不吝啬，多情而不软弱。自重自爱，平易谦和，彬彬有礼，心胸开阔，不叽叽喳喳于大庭广众，不搬弄是非于朋友同事之间。

莉莉安妮·贝当古的确是欧洲少有的"公主"级人物。不管是作为"欧洲最富有女人"，还是法国部长安德烈·贝当古的妻子，她都不可避免地成为媒体竞相追逐的对象。但奇怪的是，这位世界上最大的化妆品公司——法国欧莱雅集团创始人欧仁·舒莱尔的独生女莉莉安妮·贝当古，在媒体眼中却一直是个神秘人物。

据英国的《欧洲商业》杂志报道，莉莉安妮拥有近1270亿法郎的资产，并且这一数字还以每年100多亿法郎的速度递增，这使她成为名副其实的欧洲女首富。

15岁起，莉莉安妮就在父亲的公司里学习，逐渐成为管理公司的董事。1957年，31岁的莉莉安妮正式继承了父亲的事业，拥有欧莱雅公司27.4%的股份和瑞士雀巢公司3%的股份。父母给莉莉安妮一个很好的成长环境，让她的能量得以尽可能地发挥。

25岁那年，莉莉安妮患上结核病前往瑞士休养。在那个美丽宁静的度假胜地，她邂逅了安德烈·贝当古。

生命中最重要的人出现，往往就容易一见钟情，于是他们开始了甜蜜的爱情。

安德烈一直在法国政府里担任重要职务，1970年，他率团到中国访问，成为第一位受到毛主席接见的法国部长级官员，莉莉安妮也陪同丈夫会见了毛泽东、周恩来等人。

在巴黎社交圈里，贝当古夫妇一直行事低调。莉莉安妮还有一件让世人津津乐道的事情，那就是在世界五大洲的五位女首富中，她是唯一一个没有离过婚的女人。

莉莉安妮的最大爱好是做慈善事业。爱心就像燃烧着的火焰，照亮别人的同时也能够温暖自己，所以1987年，贝当古夫妇成立了"贝当古—舒莱尔基金会"。在旺多姆广场这所普通的屋子里，莉莉安妮任基金会主席，主要工作包括救助贫民、医学研究、历史遗产保护等方面。

也许，你觉得莉莉安妮实在是太幸运了，生在这样一个"有前途"的家庭里。但富有并不像很多人想的那样，带给人的就一定是好处。有时候大量的金钱和财产、权力，也是一个巨大的任务，如果你没有足够的底气和能力驾驭，极有可能被这些外物所累。对于一个富裕的家庭来说，教育女儿如何适应这种显赫、引人注目的生活，也是父母的责任。如果父亲没有及时手把手地引导莉莉安妮为自己的公司工作，没有交给她为人低调、踏实、忠于婚姻的品格，她也极有可能和很多富翁一样，沦为金钱的牺牲品。

女孩需要富养，但是"富"养更需要学问。一个心灵富足的女子，无论走到哪里都会散发夺目的光芒。而一个没有气质的女子，即便她生得再美丽，也显得俗气。

就如同莲花的美，初看上去并不给人以惊艳之美，然而它清丽不媚的气韵，不蔓不枝的姿态，超脱自在的淡定却比惊艳更经得住把玩。美貌的容颜和诱人的身材，都容易在岁月中蒙尘，唯有女子的气质，才是其一生典雅相随的根本。

如果不想把你的女孩培养成"花瓶"，想让她从容优雅为人赞叹，那就要重点打造她的内在气质，把爱当作最好的养料，在女孩的成长中不断地给予爱。慢慢地，高贵的公主气质就会自然而然地显现出来。

养育女孩：从细节开始，教会女儿学会感恩

在孩子眼里，金钱可以帮他们买到玩具、零食以及其他好玩的东西，可以让他们在游乐园尽情狂欢，也可以让他们享受很好

的生活。他们往往不知金钱的来之不易，甚至会认为，父母的金钱就像蘑菇，取走以后就会长出新的。这样的误解很容易让孩子不懂得感恩，也不知道节俭生活。

不懂感恩的人，就会认为一切都是理所当然，就会变得冷漠、自私，只知索取，不懂付出。这样的孩子长大后，也很难融入社会，随之而来的便是强烈的孤独感，更无幸福可言。

我们大多数人追求的幸福，实际上是相对的。也就是说，只有在自己比他人得到更多时，我们才会有更多的幸福感。生活在北京的人与生活在武汉的人，平均收入会有较大的差距，但拥有幸福感的人群比例，却不会有什么差距。我们常问自己："我的房子是不是比邻居的更漂亮？"而不是："我的房子是不是够用？"

具备感恩之心的表现方式有很多，与朋友或家人聊天、听音乐、帮助他人等都是感恩的表现。那些最让人感到幸福，譬如爱、朋友、家庭、尊重、对生命价值的信念等，也都因感恩之心所起。

一个人只有怀着感恩的心去面对人生，才会得到自己想要的幸福。

父母教孩子学会感恩应该从生活的一些细节开始，通过日常生活的点滴，逐渐培养孩子的感恩之心，如教育学生主动帮助老师擦黑板，要尊敬老人，理解父母，为父母分忧，帮助别人，同时也铭记别人对自己的好等等。总之，点点滴滴都能当成感恩教育的素材。

教育女孩感恩，首先要教育她感恩父母。家长可以给女孩讲动物反哺的故事：乌鸦长大后，还返回来喂自己的老父母，就像当初父母喂自己一样。鸟类都能做到感恩父母，更何况人类？人类不仅要感恩父母，还要感恩每一个帮助过自己的人。

家长还可以告诉孩子，感恩在生活的点点滴滴中清晰可见，比如帮爸爸妈妈分担家务，当朋友遇到难题时鼎力相助，下雨时给别人撑起一把伞，等等。告诉孩子，懂得感恩是最平凡的举动，也是最高尚的行为，应该抓住每个感恩的机会。

有一个母亲的做法，就很值得提倡：

铭铭快8岁了，当年，妈妈在生铭铭的时候难产，情况危急。医生们采取了果断的措施，经过全力抢救，终于使母女俩脱离了危险。

因此，每年铭铭过生日的时候，妈妈就会带着她到医院看望当年保她们母女平安的医生，感谢他们的救命之恩。如果因为有重要的事情不能去医院，她就会让铭铭打个电话问候医生。

父母要教育孩子不仅对于曾经有过"大恩"的人抱有感恩之心，并且对于别人看起来微不足道的小事，也常怀一颗感恩之心。

多年前，一个单身女子的隔壁住着一户穷人。一天晚上，当地停电了，单身女子点起蜡烛。不一会儿，突然听到邻居小孩敲门。

她打开门，小孩紧张地问："阿姨，请问你家有蜡烛吗？"女子以为小孩子是来借蜡烛的，于是对孩子说："没有！我这已经是最后一根蜡烛了。"正当她准备关上门时，小孩微笑地说："阿姨，我就是来给您送蜡烛的。"说完，从怀里掏出两支蜡烛。"妈妈和我怕你没有蜡烛，所以我给你送两支过来。"单身女子问小孩："你告诉阿姨，为什么要给我送蜡烛呢？"小孩儿说："阿姨，您平时的灯光总能透过窗户照亮我家。我妈妈说我们要懂得感恩。"

犹太父母认为，真正的感恩是发自内心的感激，他们相信，只有懂得感恩，孩子才会去帮助别人，关爱他人，才不会成为一个"自私鬼"。

在犹太家庭里，每当和孩子闲聊时，父母总是有意地让孩子说出自己需要感谢的人或事，这样，孩子就会把这些人和事牢牢地记在心里，在合适的时机给予他们回报。不仅如此，孩子在感恩的过程中，也学会去帮助别人，同别人分享快乐。这种美好的品质不仅给她带来心灵的慰藉，而且还会使她的人际关系更加融洽。

第四章

气质高贵的女孩别有韵味

　　做一个杰出的人，光有一个合乎逻辑的头脑是不够的，还要有一种强烈的气质。

——法国 司汤达

气质优雅源于对生命的化妆

　　一个具有良好气质的女孩必是一个性情温婉、举止优雅的人。女孩的优雅，不止是谈吐和举止，更重要的是性情，谈吐和举止可以一时的优雅，真正的优雅来源于丰富的内心、智慧、博爱，还有理性与感性的完美结合。

　　举止优雅带给女孩的好处非常多，它不仅赋予了女孩柔性、大气、得体之美，更为女孩的成长奠定强有力的基础。

　　艾斯蒂·劳达是世界化妆品王国中的皇后。她拥有几十亿美元的化妆品王国，是世界化妆品领域的重要代表人物之一。但艾斯蒂出身贫穷，也未受过多少教育。最初，她以推销叔叔制作的护肤膏起家。起初，她的推销却没有什么效果。后来，她终于忍不住问一个拒绝购买产品的客户："请问，您为什么拒绝购买我的产品呢？是我的推销技巧有什么问题吗？"

　　那位女士道："不是技巧有问题，是你的形象不好。你根本就是一个低档次的人，让我怎么相信你的产品就是高档次的？"

　　这位女士的话明显带有轻视、污辱的成分，但聪明的劳达却兴奋异常，认为自己找到了问题的关键：那就是产品的高档次，首先在于推销人，也就是自己的高档次。她想，换成自己也会是这样，推销人员本身的档次不高，自己也确实会怀疑产品的质量和品味。于是，她决心对自己的形象进行精心改造、包装。她模仿富贵名门和上层妇女，像她们一样穿着打扮，模仿她们的举止。另外，她还注意培养自己的自信，使自己整个人看上去魅力四射。慢慢地，越来越多的人买下了她推销的产品。从此，她一发不可收，直至建立起化妆品王国。

一个人的言行举止，包括她选择怎样的衣饰，都像一张名片一样向别人展示着自己，展示着自己的身份、修养、气质。要知道，优雅与否，无不体现在一举手、一投足、一回眸、一转身之间。所以，要让女孩具有优雅的气质，就需要从举手投足上注意修炼。

谈吐不俗，举止优雅，是一种美，一种境界。优雅，就是知道在什么时候该说什么话做什么事，怎么样说和怎么样做。优雅就是对事物分寸的准确拿捏，就是进退有度，游刃有余。优雅就是这样一种魅力：不温不火，不过不失，恰到好处，沁人心脾。

曾有一位世界顶级的化妆师这样解释化妆的最高境界："化妆的最高境界可以用两个字形容，就是'自然'，最高明的化妆术，是经过非常考究的化妆，让人家看起来好像没有化过妆一样，并且化出来的妆与主人的身份匹配，能自然表现那个人的个性与气质；次级的化妆是把人突显出来，让她醒目，引起众人的注意；拙劣的化妆是一站出来别人就发现她化了很浓的妆，而这层妆是为了掩盖自己的缺点或年龄的；最坏的一种化妆，是化过妆以后扭曲了自己的个性，又失去了五官的协调，例如小眼睛的人竟化了浓眉，大脸蛋的人竟化了白脸，阔嘴的人竟化了红唇……"

"表皮上的化妆只是最末的一个枝节，它能改变的事实很少。深一层的化妆是改变体质，让一个人改变生活方式，睡眠充足、注意运动与营养，这样她的皮肤改善、精神充足，比化妆有效得多。再深一层的化妆是改变气质，多读书、多欣赏艺术、多思考、对生活乐观、对生命有信心、心地善良、关怀别人、自爱自尊，这样的人即使不化妆丑也丑不到哪里去。我用三句简单的话来说明：三流的化妆是脸上的化妆；二流的化妆是精神的化妆；一流的化妆是生命的化妆。"

读到这里，我们不能不感叹，对于美丽，如果一味持有机械论的观点，实在是不高明的。归根到底，优雅的风度才是对于生命最好的化妆。

一个人的言行举止，包括她选择的衣饰，都像一张名片在向别人展示着自己，展示其身份、修养和气质。

优雅的气质并不是与生俱来的，而是通过后天训练达成的。据说，为了一个挺拔的站姿，奥运礼仪小姐每人头顶一本书，两腿关节处夹住一张纸，每天至少站一个小时。所以，如果想让自己的女孩练就与众不同的气质，家长们就要从生活中时刻注意加以训练。

帮助女孩树立良好形象意识

常言道：女为悦己者容。爱美是女孩的天性，大部分女孩从小就喜欢照着镜子端详自己，喜欢漂亮的衣服和裙子，而且很在意别人的评价。父母们也愿意给女儿买漂亮的衣服、鞋子、头饰，把自家的女儿打扮成一个靓丽的人见人爱的小公主。

然而，孩子在小时候根本没有形成自己的审美观念，她们通常爱模仿母亲和身边亲密女性的穿着打扮，甚至是电视里自己喜欢的人物装扮。还有些爱美心切的女孩，趁父母不在家，便偷偷拿出妈妈的衣服、鞋子、化妆品，为自己"精心"收拾一番，往往弄得家长哭笑不得。所以，女孩的妈妈们要注意从小引导女儿的审美观，给孩子一个中肯的形象建议。

一个人给人的最直观形象就是他的穿着打扮。民间有句谚语："人靠衣装，佛靠金装。"衣服是人的第二肌肤，穿一身漂亮的衣服，心情立即愉快起来，不自觉中，头扬起，胸挺起，脚步轻盈而有力，人也特别有信心。可见，服饰对人起着很大的辅助作用。

但是，不是说任何服饰穿戴在任何人身上一定都能产生美感。事实证明，服饰只有与穿戴者的气质、个性、身份、年龄、职业以及穿戴的环境、时间协调一致时，才能真正达到美的境界。正确着装，不仅能够给他人留有一个好的印象，也能给自己增添一份自信与魅力。

英国前首相撒切尔夫人，素有"铁娘子"之称，个性鲜明，在服饰穿戴上也有自己独到的见解。她说：

"我必须体现出职业特点和活力。"她认为，女性过分化妆容易给人以男人的玩物、花瓶之类的"浅薄感觉"。所以，她爱穿深色、凝重的服装，这样显得严谨、高雅、庄重，很好地突出了一位女政治家的个性风采。

着装没有必要太过华丽，也不一定"跟风"就是好，干净、整齐、合适一定是最重要的，要选择那些适合自己的、能够彰显自己气质的衣服，才是正确的。另外，如果孩子过分在意他人对自己形象方面的评价，难以容忍自己身上的一些小缺陷，父母就要多多引导孩子，让孩子能够正确地审视自己。

5岁的童童突然之间不喜欢去幼儿园了，每天早上都在家里耍赖，说想妈妈不愿意离开妈妈。童童的妈妈觉得事有蹊跷，便开始和孩子慢慢聊天，终于"套"出了童童的心里话：

"幼儿园的小朋友都说我头发难看，又稀又黄，我不想去幼儿园了。"

原来，童童因为从小有些缺锌，发质有些枯黄。然而妈妈却没想到，这成了孩子的不愿意上幼儿园的一个"心病"。

童童的妈妈觉得，孩子如果太在意这些小事，可能会产生自卑和胆怯的心理。于是妈妈想到了一个疏导的好办法。

"童童，你看童话书里是不是写着，温柔小公主的头发是金黄的、软软的呢？"

童童想了想说："好像是。"

妈妈继续说："那小公主是不是特别温柔，特别受欢迎的呢？"

"是啊，原来我的头发和童话书里的小公主一样啊！"童童一下子兴奋起来，眼睛也亮起来了。

第二天，童童穿上了一件漂漂亮亮的裙子，跟着妈妈去了幼儿园。

也有一些家长，担心女孩太爱美会养成虚荣、攀比的坏习惯。在一般家长的观念中，总认为保养、装扮、训练等可以提升女孩的魅力，甚至认为这些就是女孩的魅力之本。然而，这些只是塑造女孩魅力的技术性手段和方法。事实上，正如我们所感受到的：任何有魅力的女孩，必定是内秀的。

内秀的女孩心地纯净，乐观向上；崇尚知识，追求文明；热爱自然，热爱艺术；恪守规范，摒弃庸俗。就像女孩美丽的容貌、美丽的头发、美好的身段要靠内养一样，女孩的内秀更需要天长日久地刻意培养。

作为女孩的父母可以教女孩做一些安静的事情。例如练习书法、折纸、下棋、画画、钓鱼、照相、集邮等，这些活动有利于培养女孩安静、专注的性格。妈妈是女孩的一面镜子，要培养女孩的优雅气质，妈妈首先要做一个优雅的女人。这样，才能为女儿树立良好的形象榜样。

心灵美是永不褪色的外衣

人都说女孩子的心是水做的。一个心如水晶般清澈的女孩必是招人疼、惹人爱。无论谁都喜欢美好的、具有高尚品德的人，排斥肮脏的、品行恶劣的家伙，这是每个人与生俱来的天性。

良好的品德就是影响力，是社会交往中的通行证。它可以帮助人获得事业的成功，赢得友谊，获得尊重与爱戴。

一位教育家曾说过："优秀的品德，只有从孩子还在摇篮之中时开始陶冶，才有希望。在孩子心灵中播下善的种子，越早越好。"

小女孩是美好的化身，不仅是外貌，让她们从小有一颗善良的心，将使女孩的生命大放光彩。

美国作家塞缪尔·斯迈尔斯说：

女孩的美德将决定世界的未来。一个无品无德的女孩子，不仅会对社会造成一定的污染，同时还会影响到下一代的品格，当然会受到社会的排斥，也不会得到他人的尊重。

相反，一个品性清奇、兰心慧质的女孩却会得到他人的倍加推崇。因此，培养女孩优良的品德，等于为她的社会生存能力加分。

美德，是指一个人高尚的道德行为和优良的道德品质。

我国著名教育家陶行知说：

建筑人格长城的基础就是美德。

道理能征服人，主要靠真理的力量；道德能征服人，主要靠人格的力量。

美德是一种修养。

法国教育家安德烈·孔特·斯蓬维尔提出人类的18种美德：

礼貌、忠诚、明智、节制、勇气、正义、慷慨、怜悯、仁慈、感激、谦虚、单纯、宽容、纯洁、温和、真诚、幽默、爱情。

对女孩来说，培养她的美德，就要从现在身边的小事做起。

苏联教育家苏霍林基对他的学生第一个要求就是要爱妈妈，他说：

如果一个孩子连他妈妈都不爱，他还会爱别人，爱家乡，甚至爱祖国吗？因为妈妈是为他付出最多的人。如果孩子对自己的父母亲都很薄情，那么将来走上社会，即便是对某人很好，也一定是出于利益的需要。

家庭是社会的细胞，父母是女孩的第一任老师，如果女孩在家庭中还没有接受良好的道德培训就被推向社会，可想而知其后果如何。当女孩来到学校之后，问题会一一暴露，这时不管老师付出多大的努力，都收不到完美的效果。因为学校里一切问题都会在家庭里折射出来，而学校在教育过程中产生一切困难的根源也都可以追溯到家长。没有家庭教育的学校和没有学校教育的家庭不可能造就品格完备、全面发展的人，这一极其细致艰巨的工程。

我们都听说过童话故事中的灰姑娘，虽然饱受欺凌，但她勤劳本分，心地善良。作者也偏爱这样的姑娘，因此，但凡心地纯洁的人，最终都会得到圆满轻松的结局，这种安排，也受到世人的欢迎。

近年来，有教育学家提出还应该提倡传统的童话，因为女孩们的目光渐渐都偏向了高贵和奢华，喜欢享受和安逸，开始攀比外貌和生活条件，而恰恰忽略了美的本身。这种提法可以视为现代人对美德的重申，美好的品行比外貌和身世更值得关注。

美德无价，它让一个人高贵而充满魅力。培根说过："美德好比宝石，它在朴素背景的衬托下反而更华丽。同样，一个打扮并不华贵，却端庄、严肃而有美德的人令人肃然起敬。"

美德，使女孩的心变得雅致，带来的是幸福的生活和永远乐观的心。

在家庭教育中，家长应该为女孩营造一个适于美德教育的环境。

"人之初，如玉璞，性与情，俱可塑。"家长的教育和影响，对女孩具有先入为主和潜移默化的作用，家风家教对女孩能否健康成长至关重要。教育女孩，说理固然重要，但言之无物，唠叨过多，成为空洞的说教，往往教而无效。

作为家长，首先必须严格要求自己，要把女孩培养成为品格高尚的人，家长首先必须是一个好家长。

总之，让女孩拥有美德，是让她走向美好人生的基础。

良好的德行无论对男孩还是女孩，它的意义都极其重大，甚至决定了孩子今后的生活质量。因此，培养女孩良好的品德应是教育的第一要务。

给女孩讲特蕾莎修女的故事

一个人只有懂得先伸出自己的手，才能握住别人的手；而有过被爱的深切感动者，更能有爱别人的能力。这样的道理用在亲情、爱情、友情都一样。如果为人父母者想要培养出一个富有爱心的女孩，让她长大能懂得自爱、爱人，那么从现在开始就要让女孩学会爱，拥有爱的能力！

我们不妨把特蕾莎修女介绍给女儿：

1997年9月5日，诺贝尔和平奖获得者——特蕾莎修女永远地离开了我们。这一天全世界都哭了。

能感动一些人的人很多，能感动天下每一个人，包括罪犯、战犯、杀人犯的只有她——特蕾莎修女。

在诺贝尔和平奖的历史上只有两位获奖者是全票通过的，一位是史怀泽博士，另一位就是特蕾莎修女。她的施爱让全世界的人都看到了希望。

她以最快的速度、最高的效率在全世界127个国家拥有600多个分支机构，仅1960年一年，就在印度创建了26所收容中心和儿童之家。

但是她的总部只有两个修女，一台老式打字机。她的办公室只有一套桌椅，她接待全世界的来访者的地点永远是——平民窟、弃婴院、临终医院、收容院……

对她来说，给予他人以爱和尊严比给予食物和衣服更重要。

来她这里做义工的有许多世界级的知名人物，他们中有银行家、企业家、富家小姐、美国加州州长……她帮助了那些处于生活边缘的人，同时，也影响了更多的人……

什么是爱心？那不是打电话到新闻媒体去告诉他们"我要献爱心啦"，也不是在镁光灯的闪烁之下向某慈善机构捐款，而是不漠视、不鄙夷不如我们生活条件的生命存在，是通过自己的努力去帮助别人，同时自己也怀着一颗博爱之心去生活。

也许你的女孩出生于繁华都市，也许你的女孩生长于穷乡僻壤，这些都不重要，重要的是要教会孩子如何正确对待出身，如何正确认识社会以及努力做一个具有爱心、乐于助人的优秀的人。这才是女孩健康成长的基石。

一位母亲为了让女儿体验没有水的感觉，暑假的时候，她特意带着上幼儿园的女儿从东北千里迢迢来到甘肃的定西。

在火车上，母亲告诉女儿她们马上就要到一个没有水的地方了。女孩便打算向骆驼学习，赶紧灌下一瓶牛奶。

到了定西的老乡家，母女俩从一口看似干涸的井中打起一桶水，那还是去年积下的雨水。村民告诉她们，日用水紧张，这水得循环着使用：先用来洗脸，然后再用来洗衣服，最后又用这盆脏水去喂猪。

女儿担忧地问："猪怎么能喝这样的水呢？"

妈妈反问："那你觉得应该给它们喝什么？"

"我给它们喝柠檬汁，给它们喂牛奶。"女儿一脸稚气歪着头回答。

后来妈妈问她刚才从井里打上来的水能不能喝，女孩立刻回答："不能喝，不干净。"

"如果你很渴了呢？如果你两天没喝水了呢？也不喝吗？"

"不喝。"

……

就在那天晚上小女孩哭了，不是因为她太渴，这儿太苦，而是因为妈妈训斥了她。对她来说，毕竟再大的挑剔也抵不过口渴的难耐，于是她终于喝了两天来的第一口水。

这里每天早晨天气都有些阴沉，似乎一场雨即将降临，给太久没下雨的土地及这两位远道而来的客人带来希望，可希望最终都破灭了。

土地已干得裂出了一道道缝，农民们面临的将是颗粒无收的命运。

这天，母女俩要回家了。女孩已和这儿的孩子结下了友谊，此刻的离去竟有些难舍。虽然那些孩子灰头土脸，衣着破旧，因为他们从未尝过水的畅快淋漓，但可贵的是他们纯真的童心和从单纯的眼中流出的晶莹的泪。

母女俩挥手告别了黄土地，把那里的贫穷落后留在身后，却把一种体会留在心里。年轻的母亲要让女儿体验的，是水的珍贵，更是一种爱的能力。

"感恩"就是一种美好的生活态度。懂得感恩的女孩是幸福的，在她感恩的同时，会得到双倍的快乐与幸福。懂得感恩的女孩能够认真对待生活，哪怕是在最艰难困苦的时候也能坚持住，因此最后她总能获得意想不到的结果。

不知你有没有观察过女儿的行为？她是自己吃饱了喝足了就什么也不管，还是能够主动关爱他人，懂得"滴水之恩，当涌泉相报"？

请不要认为"感恩"是女孩可有可无的品质，要明白，不懂得感恩的女孩也就品尝不了被关爱的幸福。

养育女孩：拓宽女儿的内心世界

有人说女孩多愁善感，动不动就唉声叹气；有人说女孩思虑太重，总是想得太多……其实，这并非女孩的缺点，恰恰体现出女孩的情感更加丰富的一面。

我们鼓励女孩自信、勇敢、大方，也要有一定的矜持。但这些都是建立在女孩内心世界丰富的基础上。情感丰富，并不表示不单纯。事实上越是情感丰富的人，她越是追求真正纯洁的赤子之心，她会更懂得照顾别人的感受，设想到自己的行为可能引发的后果，等等。

丰富的情感世界里，可以有多姿多彩的艺术生命。同样听一首舒伯特的《小夜曲》，有的人能听到青涩的爱情的味道，听到俊美的少年在窗边等待心仪的女孩，听到树上的猫头鹰在叫，草上的露珠在滚动……而对很多人来说，它就是一首小曲子，甚至是噪音。

丰富的情感世界可以帮助女孩注意到别人对她的爱和关心，让她常有一颗感恩心。很多父母觉得孩子没有感恩心，其实这是在冤枉孩子。因为她根本就没有意识到还要感恩，她的世界里面只有自己。

当女孩注意到别人在为她付出的时候，她除了报以同样的回报，还能更多地感受到生活的美好，体会到人生的精彩。

虽然没有科学数据证明，但是我们能够推断出这样一个结论：情感丰富的女人在养育孩子的时候，有更多的办法，也能给自己的子女带来更好的人生。

美国前总统奥巴马的母亲就是一个情感丰富的人。

在第二次结婚之后，她带着儿子去了丈夫的故乡印尼。印尼的生活水平不如美国，经常有穷人和乞丐上门乞讨。奥巴马的母亲总是很慷慨，并且为穷人担忧。奥巴马说自己常常看到母亲在看电视的时候，因为剧中的情节而流眼泪。

在奥巴马的母亲和父亲离婚后，她坚持自己养育孩子，也从来不在孩子面前抱怨父亲。可以说，她又是一个很能克制自己情绪的人。

多愁善感的母亲，至少比普通的母亲更懂得孩子的心理，尤其是女儿的心思细腻，只有敏感的母亲才能察觉。当然，情感丰富的副作用就是情感复杂，这也是父母在养育女孩的时候需要注意的。我们并不希望女孩子变成那种斤斤计较的人，或者变得刻薄阴险。那么怎样能够既让女孩子的情感丰富起来，又尽可能小地引起灰色的情绪呢？

一方面，我们要鼓励女孩经常去参加活动，最好是家庭以外的活动。比如引导孩子参加力所能及的社区劳动，让她在动手的过程中意识到自己有能力给别人带来快乐，也能尊重别人的劳动成果，懂得每个人的劳动都不是一件容易的事情。

另外，带女孩去郊游、散步，观察大自然的变化，既能丰富孩子的知识，让女孩更了解自然，更能通过自然的变化，来陶冶女孩的心灵。有多少美妙的旋律都是在四季的启发下完成的！

消除情感副作用的办法，就是去鼓励女孩读书。书籍中有很多伟大的情感，像雨果、陀思妥耶夫斯基、鲁迅等作家，读者从他们的作品里能体会到伟大的情感充盈心胸时的激动。女孩多读有益的经典书，看经典大气的电影，可以帮助她们自省——拿自己和作品中的人物对比，看到自己情绪中一些不好的地方，自动过滤掉。

如果女孩表现出良好的道德行为，父母要及时进行表扬。这样容易激发女孩内在的荣誉感和自豪感。比如帮助比她小的弟妹、不拿不属于自己的东西等。对孩子不好的行为，父母也应限制。如果孩子乱扔东西，父母当时对孩子提出很严厉的要求，但转身又不管孩子是否做到。多次以后，孩子就有不需执行要求的经验，以后父母提出的限制就没有好的效果。

一个情感丰富的女孩，无论在青少年时期还是成家之后，都能充分利用自己的情感特质较好地处理一系列复杂的事情，更好地度过青春期，更擅于照顾好家庭，也更能适应社会的竞争。

女孩父母通过良好的教育让女孩变得乖巧快乐，变得优雅温柔，变得通情达理，陶冶女孩的性情并培养她高尚的品格，这些才是女孩一生独有的财富。

第五章

自信自主的女孩笑傲一生

修养之于心地，其重要犹如食物之于身体。

——古罗马 西塞罗

教会女孩树立强大的自信

任何人，只有相信自己，才能让别人相信她。相信自己，是成功者身上共有的一种精神气质。胡适先生在《一个防身药方的三味药》这篇文章中，送给青少年的三个防身药里就有一味名叫"自信汤"的药。他说：

"第三味药，我叫它作'信心汤'，这就是说：

你总得有一点信心……这个时代，正是我们要培养我们的信心的时候。我们的信心只有一句话：'努力不会白费'，没有一点努力是没有结果的。"

女孩的人生需要自己争取。只有足够的自信，才能赢利自己想要的人生。

很多孩子在做事之前总是要父母帮他们拿主意，越小的时候越是如此。因为他们没有经验，对事情缺少把握。但是随着年龄的增长，女孩已经慢慢学会处理生活中的一些事情，自己做决定。如果万事都征求父母，就是不太正常的现象了。

孩子是父母生命的延续，但是他们也是有独立的思想和追求的个体。正是因为他们想的和父母不一样，他们的人生才能与众不同。何况时代在改变，人们的生活态度也在改变，父母并不能完全了解儿女的处境和想法，自然也就无法帮孩子做最好的决定。事实上，很多人的人生之路都是自己探索着慢慢走出来的。

张晓梅女士拥有"联合国世界青年企业家杰出成就奖"获得者、"2004中国十大经济女性人物""全国三八红旗手"这些称呼，还有一个特别的头衔：中国美容时尚报社社长兼总编辑。为了得到这个头衔，她曾经多次冒险跳槽，而且不顾家人的反对和担忧，用事实证明她的选择是对的。

张晓梅出生于一个军人家庭，从小随父母一起生活在四川一个偏僻山区的部队里。长期封闭的环境以及狭小的交际范围在让她备感单调无趣的同时，亦对自己的未来感到迷茫。参加工作后，张晓梅被分配到某部队的军事研究所，从事科研工作。如果按照正常的轨道，她大可安稳地就此工作生活下去，并一步一步地走向更高的位置。但是，张晓梅发现，这似乎并不是她想要的，她希望找到一个人生目标，实现自己的人生价值。

经过一番深思熟虑后，倔强的张晓梅决定转业。于是，在1988年一个普通的日子里，张晓梅离开了那个人们眼中"有安全感、有保障"的舒适环境，进入香港亚洲风物杂志社做了一名记者。

凭借着天资和勤奋，两个月左右的时间，她就当上了社长助理。事业正当顺风顺水的时候，张晓梅却向社长递交了辞呈。

社长疑惑地问："你们内地的记者能拿到我的一本记者证，都是梦寐以求的事情，你为什么要离开？"

"我很想独立地做一些自己想做的事情。"此刻的张晓梅眼中写满了坚定。1989年12月，这个渴望独立的女人在成都开设了自己的第一家美容院。随着生意的日渐红火，她的店面也越来越大，从最初的几平方米到一两百平方米，再到几百平方米，她成功地淘到人生的第一桶金。

下面讲一个关于懦夫的故事：

　　一个懦夫想摆脱自己软弱的个性，让自己变得勇敢起来，就报名参加了"杀兽"学校。这所学校专门培养人的能力和胆量，使人敢于拿起剑去杀死吞食少女的怪兽。校长是有名的魔术师哈利。哈利对这个懦夫说："你不必担心，我给你一支魔剑，此剑魔力无边，可以对付各种凶恶的怪兽。"培训过程中，这位懦夫使用魔剑杀死了很多条模拟的怪兽。结业考试时，他将面对真的吞食少女的怪兽了。不料冲到山洞口，怪兽伸出头露出狰狞面目时，他抽出剑，却发现拿错了剑，魔剑丢在了学校，手中的剑只是平日玩用的。这时后退已不可能，一旦那样，就会被怪兽吞食。他挥动普通的剑，居然杀死了怪兽。哈利校长会心地笑了，他说："我想你现在已经知道了没有一支剑是魔剑，唯一的魔剑在于相信自己。"

每个女孩的心中也有一柄魔剑，但是不断地"你不行""你不能"会让她们没有力气握紧内心的神剑去披荆斩棘。在古代，花木兰为父从军，"同行十二年，不知木兰是女郎"，也就没有人觉得她打不了仗。别人对女孩的看法很重要，而女孩自己对自己的看法更重要。

让女孩坚信自己的独一无二

女孩天生就是感性动物，她们的情绪和行为总是极易受到外界环境的影响，可能前一分钟还因为某人的褒奖而兴高采烈，后一分钟就会因另一个人的一句嘲讽而丧失信心，甚至妄自菲薄。作为女孩的父母，一定要时刻注意，引导孩子正确认识自我，强化孩子的自我价值。

有一个年轻人，他历尽艰险在非洲热带雨林中找到了一种高十多米的树木。

这可不是一般的树木，整个非洲也就只有一两棵。如果砍下这种树，一年后让外皮朽烂，留下的部分，就会有一种浓郁无比的香气散发开来；如果放在水中，它不会像别的木头那样浮起来，反而会沉入水底。这种树被称作"沉香"，是世界上最珍贵的树木。

年轻人将沉香运到市场上去卖。

由于很贵重，很少有人敢来买，也很少有人买得起，因此，他的生意非常冷清，经常是很多天连一个问价的人都没有。但他旁边一个卖木炭的，生意却非常好，每天都有进账。

年轻人终于沉不住气了，他把沉香运回家，烧成木炭后再运到市场上，以普通木炭的价格出售。这一回，他的生意好极了，几天时间就卖光了。

年轻人认为自己颇有创意，很自豪地把这件事告诉了他的父亲。他父亲听完儿子的讲述后，不禁泪流满面。沉香非常有价值，只要切下一小块磨成粉末出售，其收入相当于卖一年木炭，而将沉香烧成木炭，就和普通木炭一样不值钱了。

有些人都过分关心外界的环境因素，处处表现得小心翼翼，以至于轻易地否定了自己。试想，如果一个人连自己都不认可自己，又如何让别人认同你的价值呢？

一位哲人曾经说过："每个人都有自己独一无二的价值。我们的价值不是取决于别人对我们的态度，也不会因为我们遭受挫败而贬值，无论别人怎么侮辱你，诋毁你，践踏你，你的价值依然存在。"

家长们要让自己的孩子学会正视自己的价值，不要因为别人对自己的评价和态度而改变对自己的看法。告诉孩子，无论别人怎么说，你的价值都不会因之而改变，只要能够将个人价值与社会价值统一起来，做一些对他人有用的事，就能充分施展自己的才华，实现自己的理想价值。

《世界上最伟大的推销员》一书的作者奥格·曼狄诺认为，在这个世界上，每个人都有自己独一无二的价值，每个人的出生都是一个伟大的奇迹，他的这种观点对我们在内心建立自尊自信很有帮助。他在书中这样写道：

我是自然界最伟大的奇迹。

自从上帝创造了天地万物以来，没有一个人和我一样，我的头脑、心灵、眼睛、耳朵、双手、头发、嘴唇都是与众不同的。言谈举止和我完全一样的人以前没有，现在没有，以后也不会有。虽然四海之内皆兄弟，然而人人各异。我是独一无二的造化。

我是自然界最伟大的奇迹。

我不可能像动物一样容易满足，我心中燃烧着代代相传的火焰，它激励我超越自己，我要使这团火燃得更旺，向世界宣布我的出类拔萃。

没有人能模仿我的笔迹、我的商标、我的成果、我的推销能力。从今往后，我要使自己的个性充分发展，因为这是我得以成功的一大资本。

我是自然界最伟大的奇迹。

我不再徒劳地模仿别人，而要展示自己的个性。我不但要宣扬它，还要推销它。我要强调自己与众不同之处，回避人所共有的通性，并且要把这种原则运用到商品上。推销员和货物，两者皆独树一帜，我为此而自豪。

我是独一无二的奇迹。

物以稀为贵。我独行特立，因而身价百倍。我是千万年进化的终端产物，头脑和身体都超过以往的帝王与智者。

但是，我的技艺、我的头脑、我的心灵、我的身体，若不善加利用，都将随着时间的流逝而迟钝、腐朽，甚至死亡。我的潜力无穷无尽，脑力、体能稍加开发，就能超过以往的任何成就。从今天开始，我就要开发潜力。

家长要让孩子明白，每个人的出生都是一个伟大的奇迹，做人要坚持自己的个性，保持主见，不要刻意去模仿别人，人的一生有很多事情需要去做，但最重要的任务还是做自己。

告诉女孩，别做没出息的哭巴精

古典文学作品中喜欢形容一个女孩温婉美丽，就说她娇喘微微，似弱柳扶风；泪光点点，如梨花带雨。眼泪是很多女孩的杀手锏，遇到不如意的事情就会发发小姐脾气。哭是女性的发泄方式，但是总是喜欢哭的女孩可不招人喜欢。

芬妮是家中的独生女，也是爷爷奶奶的掌上明珠。她长得十分可爱，伶牙俐齿也非常招人喜欢，唯一的缺点就是太爱哭了。她小时候爱哭，别人都说过了这个年龄就好了。但是现在已经是一个高中生了，但每次考试砸了会哭，老师批评了也哭，跟朋友闹矛盾了痛哭，和父母因为小事情赌气，也在自己的房间里哭个不停。芬妮没有什么好朋友，因为大家都受不了她总是流眼泪的性格。男孩子们叫她"泪汪汪"，女孩子们也在私下叫她"水汽包"，芬妮还为此大哭一场，让一家人都不知道怎么办才好。

妈妈一直想治一治芬妮的"泪眼"，因为她知道，这个性格到了外面肯定会吃不开的。现在她在家里哭了有人让着她，但是在外面哭多了，别人还会嫌弃她，不想和她合作。有一天，芬妮的妈妈在报刊上读到一个女性的故事，很受触动，就把这个故事讲给女儿听。

故事的主人公叫吴健雄，这个名字听起来很阳刚，其实是一位才华横溢的女性，一个被诸多诺贝尔奖得主推崇的、对人类科学的贡献比肩居里夫人的华人女科学家。

吴健雄出生在江苏太仓浏河镇。她的父亲是一位开明人士，也是个多才多艺的人。他自己动手装了一台收音机，让吴健雄听到无线电广播的声音，还为她买百科小丛书，给她讲述科学趣闻。当时很多人还相信"女子无才便是德"的古训，开明的父亲却鼓励女儿上学读书。吴健雄七岁时便进校受启蒙教育。父亲在课余常带女儿出去玩，寻觅家乡的历史古迹，向女儿讲述三宝太监郑和率船队下西洋的故事。

在苏州女师读书时，吴健雄第一次聆听了胡适的演讲。胡适对社会改造、对新时代妇女的见解，让吴健雄大为赞叹。大师的智慧点燃了一个女性内心对知识和世界的好奇之火。

1929年，吴健雄以优异的成绩从女师毕业，被保送到南京中央大学。但当时规定要教书一年才能入学，她就跑到上海的中国公学读书。正是那时，一次历史考试中胡适担任监考老师，认识了吴健雄并对她寄予厚望。1936年，吴健雄离开战乱的祖国到美国加利福尼亚大学读博士。

胡适到美国参加哈佛大学三百周年纪念演讲之际，还专门去看望了吴健雄，并给她写了封长信："你是很聪明的人，千万珍重自爱，将来成就未可限量"，"你的海外驻留期间，多留意此邦文物，多读文史的书，多读其他科学，使胸襟阔大，使见解高明"。

读书人是"家事国事天下事，事事关心"。吴健雄也不例外，也对祖国命运非常关注。吴健雄的大学时代正是民族危亡的时期，她足不出户地用功看书。虽然在物理学上成就突出，但她没有获得诺贝尔奖。很多人都为她抱不平，为西方对东方的偏见、对东方女性的偏见而呐喊，但她本人并不介意。十多年后，以色列人设立了沃尔芙奖，专为那些应得而未得到诺贝尔奖者而设，吴健雄是该奖第一位得主。

吴健雄平时以俭朴著称，但为设"吴仲裔奖学金"，她捐出近100万美元巨款。1992年，四位华人诺贝尔奖得主：李政道、杨振宁、丁肇中、李远哲，在中国台北发起成立"吴健雄学术基金会"，要给八十华诞的吴健雄一个惊喜，她一再婉拒。吴健雄说："我不喜欢出风头，做研究是我的本分，我只是运气好，成果还不错而已，不要以我的名字成立基金会。"

"真的想不到，科学界还有这样一位了不起的华人女性。"妈妈讲完吴健雄的故事，等待女儿接话，但是女儿一时间并没有怎么说话。她自己拿过报刊，又把故事读了一遍，然后说："妈，帮我买一本这位女性的传记怎么样？"妈妈一听，欢喜得不得了，马上咨询老师，给女儿买了好几本著名女性的传记，和女儿一起看。渐渐地，这个爱哭泣的小姑娘真的就不轻易流眼泪了。

让女孩做个娇而不弱的公主

只要教育得法，每个女孩都会成长为不平凡的女人，前美国劳工部部长赵小兰就是其一。

2001年，美国总统小布什组建内阁时，向赵小兰发出邀请，希望她可以出任美国劳工部部长。出人意料的是，赵小兰再三婉拒了布什的邀请，因为她认为时机还没有成熟。直到老布什出面说话，恳请赵小兰辅佐小布什，她才欣然受命。

赵小兰何许人？为何能在美国拥有此等影响力？要知道，美国虽然号称自由民主的社会，但是华人登上美国政坛并且担当重要职位，并不是一件常见的事情。

19世纪四五十年代，华人开始大批移民美国西部淘金，当时正值美国"西部大开发"之际，至今已有一百多年的历史。

在这一百多年间，美国主流社会常以传染病和流行疾病为借口，对华人的生活设置种种阻碍，甚至还在1882年通过排华法案，不让中国劳工进入美国，并明令禁止华人通过归化取得美国国籍。华人在美国的地位非常卑微，一直到1943年，宋美龄访美之后，小罗斯福才宣布废除排华法案。没有人想到，美国华人能从"苦力""猪仔"走到劳工部长的位置。

华裔对美国的忠诚一直遭到毫无缘由的质疑，但赵小兰从不讳言自己的移民身份，即使是在就职演说上，她也首先提到，自己是坐着小船来到这个国家的。赵小兰顺利地成为美国历史上首位华裔部长，这不但为美国华人参政树立了新的丰碑，也圆了好几代人的"美国梦"。

赵小兰在就职演说中说，父母亲的谆谆教导，华人谦虚、勤劳的精神，是她迈向成功的基石。赵小兰的家庭是一个传统的家庭——父母都是地地道道的华人，一家姐妹5个在西方接受教育长大。让赵家父母感到无上光荣的是，他们的5个女儿中有4人毕业于哈佛大学，另外一个是哥伦比亚大学的法学博士。

很多人都将赵小兰一家视为华人教育的成功典范，的确，要培养出这样五个高材生，家庭教育是至关重要的。

赵家每次有客人来了，女儿们只要在家，一定会出来招呼客人。她们以非常恭敬的态度为客人奉茶，脸上总是带着真诚的笑容。尤其令人难以相信的是，赵家宴客时，几个女儿不但不上桌，而且守在客人身后，为大家上菜、斟酒。母亲解释说"这也是一种训练"。

赵家的孩子要自己洗衣服、打扫房间，不仅料理自己的事情、自己安排学习，还要分担家里的琐事。每天早晨，她们要出去检查游泳池的设备；周末则要整理两英亩的院子里面的杂草。而且，赵小兰家门前车道的柏油路面，也是几个姐妹在父亲的指挥下自己铺成的。"那时我们不见得喜欢，如今想来，大家一起工作，一起交谈，很能领会父亲的良苦用心了。"

上大学的时候，赵小兰是自己贷款读的书，等到暑假，她就打工还款。但父母对她并不吝啬，他们资助她学习很多东西，高尔夫球、骑马、溜冰、弹钢琴，他们都鼓励她去尝试。

不得不佩服赵家的教育智慧，一方面让女儿们都拥有高学历，另一方面又一定要训练她们以平常心生活，养成能上能下的心态。这种既充实其知识又强大其心态的双重教育，正是对女儿内心的扎实培养。

我们在生活中常常看到这两类女孩，一类是能力上很强，但是不能接受别人把自己当成一个普通人对待，总是希望别人把自己当成唯一的主角。这样的女孩子虽然有才，但是不容易被别人接纳，也会吃很多亏；还有一类女孩子，性格什么都很好，唯一的缺点就是能力上太欠缺，就算别人照顾她给她机会，她也抓不住。

而女孩要发展得很好，一方面需要有真才实学，另一方面需要有与人合作的精神。说到底就是要有强大的内心。一个内心强大的人，一方面有足够的才学，以应付各种各样的能力要求，另一方面要在心性上足够成熟，懂得接纳、进取、自强、宽容。很多人积极地去学习新知识，不断要求自己考上高学历，等等，其实就是为了让自己的内心更加自信，更加从容地面对生活。

女孩娇气一些，会让人更加怜爱；但是不可以太脆弱，不可以面对一点小小的委屈就流眼泪，不可以一面对别人的质问就哑口无言，不可以在机遇来临的时候退缩。

所以，父母们在宠爱女儿的同时，千万要强大其内心，切勿让女儿过于娇弱。只有这样，才能培养出娇而不弱的公主气质来。

养育女孩：一定要让女孩知道的几件事

在社会中，女孩似乎一直扮演着弱者的角色。相对男孩来说，人们普遍认为女孩更容易受到负面的影响和伤害。因而作为父母，都希望自己的女儿聪明漂亮，平安健康，不受一点伤害。那么，就一定要让女孩知道如下几件事：

1. 社会不会等待你成长

父母要让孩子知道，人生不售回程票，不是所有的东西都可以重来。人卷挟于社会中，犹如置身于你不得不身陷其中的舞台，你注定要扮演某个角色，虽非心甘情愿，却也无可奈何。在熙熙攘攘的社会生活中，如何尽快地为自己找到安身立命之处，是每个人不得不面对的选择，社会不会等待你成长，所以你要自动自发地走向成熟，就要时刻抱着居安思危的心态，知足常乐，宽以待人，懂得换位思考，理解和尊重他人。

2. 要适应生活中的不公平

告诉孩子，生活不可能给你任何你想要的。所以，不要一味地抱怨，不要认为整个世界都对不起你，也不要质问为什么别人得到的总比自己多。任何人都有不完美的方面，要学会在适应的同时扭转形势。面对社会上的不公平，青春躁动的少男少女们要学会去适应，试着用更宽阔的胸怀去接受，然后再尽自己的努力去改变。

3. 要把握好善良的分寸

为人处事诚然要保持一颗善良的心。如果一个人在考虑事情的时候都以自我利益为出发点，那么这个人在别人眼里就是自私。

善良不仅可以表现为为对方做好事，而且也应该首先表现为对自己的关爱。但是，善良也要有度，无限度地、盲目地奉献自己，到头来很可能会迷失自己，甚至伤害到自己。父母要提醒孩子，在表达自己的善良时要把握分寸，要抑制自己过分行善的欲望。

4. 牢记吃亏是福

有时候，最喜欢占便宜的人最后未必就饱尝硕果，倒是最先吃亏的人会占到最后的大便宜。吃亏也是一种福，聪明的人往往运用这种福祉为自己赢得更多的利益。

告诉孩子，很多比你强的人，他在获得这个机会之前已经铺垫很多，谦让很多，也许正是他们之前的宽容以及在你看来是"吃亏"的行为为他们开启了更广阔的成功之路。应该让孩子明白，人最初退的一步是为了更好地向前走十步，甚至一百步！

5. 不要总逞口舌之快

家长要让孩子知道，在生活中，无论何时、无论何地，我们在处理事情的时候，都要考虑到别人的感受，在彰显自己优秀的同时也要给别人展现自己的机会。

真正的智者并不是在每次争辩中都占据上风的人，不是把别人都比下去的人，而是那些善于双赢的人。也许在一次的争辩中你成为了赢家，但是与此同时，你很可能已经失去了对方的信任和好感。当你需要他帮助的时候，就会很尴尬。提醒孩子，做事的时候要随时为自己留一条后路。

6. 保持自省的好习惯

时常反省，可以修正自己的言行和方向，使自己进步。如果能够将这种习惯坚持下来，那么反省性格的养成一定会帮助孩子在以后的道路上不断收获成功。

家长可以建议孩子每天抽出一点时间来思考和检视自己的行为，如：与人交往中，我今天有没有做不利于人际关系的事？在与某人的争执中是否存在不对之处？对某人说的那句话是否得体？到目前为止，我做了些什么事？有无进步？时间有无浪费？目标完成了多少？等等。

7. 一定要远离盲目追星

追星是一个很普遍的现象，而且现实中大部分的追星族是女生。追星是个人爱好的一种，也没有错，但要有一个度。有的女孩甚至为了心中的偶像做出疯狂的举动，这时候家长就要加以正确引导了。

作为家长，在这方面应该给孩子以正确的指引。告诉孩子：我很理解你的心理。追星是一种积极的情绪，适当的追星会使生活变的有情趣。但是，假如盲目地追星就会使你的生理、心理受到一定的压迫。如果你能很好地控制自己，将明星身上的闪光点，他们的成就作为自己上进的力量，这也是非常有益的。明星也会有不足，我们应该适当得学习他们的优点来完善自己。

第六章

好性格让女孩受益终生

习惯形成性格，性格决定命运。

——英国 毛姆

告诉女孩不要随意发脾气

相对男孩，女孩比较脆弱，娇气，意志力差，承受挫折能力不强，更容易发脾气。

"现在的孩子越来越难管了！"一些年轻的父母抱怨说，"稍不如意，脾气就上来了。打也不听，骂也不灵，哄她吧，她还更来劲！"

有些父母会觉得这样的女儿简直无可救药，索性就用自己的坏脾气去好好教训她一番，但最后效果往往事与愿违，这样的情况下次还会出现，并且会在女孩内心留下创伤，伤害彼此感情。

生活中，确实有不少这样的孩子。这是孩子缺乏自制力的表现。自制力是能够完全自觉的。有意识地控制自己的情绪，支配自己行动的能力是意志的重要品质，是情商的重要因素。

那么对于孩子的"牛脾气"，家长应该怎样处理呢？甜甜父母的做法大家不妨效仿一下。

一天晚上，一家人正在看电视，甜甜突然想吃冰激凌。已经很晚了，商店都关门了，爸爸妈妈试图跟她解释，劝她明天再吃。

然而，甜甜的脾气却上来了，她倒在地上大声叫喊，用头撞地，用手到处乱抓，用脚踹所有够得着的东西……

爸爸妈妈被气得不知道该说什么，他们努力克制自己的火气，暂时没有任何语言和动作。甜甜已经叫喊半天了，她奇怪地发现，居然没有人理她。于是，她又重新按她刚才的"表演"闹了一番。这次爸爸妈妈坐了下来，静静看着女儿，没有任何语言和动作。

甜甜不服气地又开始了第三次"表演"，然而爸爸妈妈还是没有任何表示。最后，甜甜大概也觉得自己趴在地上哭叫实在太傻了，她自己爬起来，回房间睡觉去了。

从此，甜甜再也没朝别人乱发脾气，甜甜的乱发脾气因为没有得到强化而自然消失了。

每一个女孩都是一个独立的个体，都有一定的脾气，但是有些脾性是不好的。不良的脾性养成后会对他人造成不良的影响，孩子的"牛脾气"就是父母溺爱的结果。

当你的女儿"牛脾气"上来时，此时千万不要上前制止，或者劝解。如果那样做的话，孩子会更撒娇，长久以往脾气会更倔强。此时父母需要做的只是冷观，就像甜甜的父母那样，孩子就会在一种严肃的氛围中意识自己的错误，渐渐收敛起自己的"牛脾气"。

父母都不希望自己的女儿是一个随意发脾气的孩子，可事实上发脾气是女孩成长过程中的必经之路，当孩子发脾气时，家长就要循循善诱。如果家长引导得不好，孩子就会养成乱发脾气的习惯，变成一个暴躁的孩子；引导得好的话，孩子的脾气就会成为每一次教育孩子成长的契机。

要让孩子心平气和地生活，改掉喜怒无常的坏情绪，最有效的办法是采取置之不理的方法，进行"冷处理"，让其自动消失。

王先生夫妇最近被女儿的坏脾气折磨得头疼死了。

女儿莉莉仅6岁，脾气却暴躁得厉害，稍不如意就大发雷霆，大喊大叫；即使是跟她讲道理，她也听不进去，如果父母不按照她说的去做，她就一直吵闹、哭喊、在地上打滚，手里有什么东西都会顺手扔出去。

为此，王先生夫妇想尽了办法，他们打她，苦口婆心地教诲，罚她站墙角，赶她早点上床，责骂她，呵斥她，给她讲道理……简直拿出教育男孩子的方法来，仍然不奏效！

当孩子遇到情绪不好乱发脾气的时候，家长首先要做的就是保持冷静，不能火上加油，更不应该用过激的话和粗暴的行为制止她，而是要等到孩子平静以后，我们再去耐心地和孩子谈话，慢慢开解她。要是孩子在众目睽睽下发火，家长绝对不可以顺从她。

不少家长因为担心孩子当着别人的面发火就常常顺着她，这种做法是不对的，一定要让孩子明白：发脾气不仅与事无补，还会助长自己的坏秉性。

将女孩的任性培养成耐性

任性似乎是女孩子的天性，若遇到什么不顺心的事，小嘴一撅，就哭个不停。事实上，很多时候孩子的任性是善意的。

美国儿童心理学家威廉·科克的研究表明，孩子任性也是一种心理需求。他指出：

> 随着生理发育，幼儿开始逐渐接触更多的事物，
> 但是却不能像成人那样对这些事物做出正确的判断和
> 评价。

孩子只会凭着自己的情绪与兴趣来参与事情，尽管这些事情往往是对她不宜、不利。而家长多以成人的思维去考虑孩子参与的结果，完全忽略了孩子的情绪和兴趣。实际上，这种情绪和兴趣，正是孩子心理需求的一种表现方式。

> 5岁的苏苏看到邻居小朋友的一辆遥控小汽车很好
> 玩，回到家后，便向妈妈提出了要求："妈妈，我要小
> 汽车。"
> "好，"苏苏妈满口答应下来，"明天去买，今天
> 商店关门了。"
> "不，我要小汽车，我现在就要。"苏苏坐到地
> 上，哭叫起来。
> "你这孩子，怎么这么不听话。"苏苏妈急了，一
> 把拉起苏苏，"都答应你了，你还想怎样？"
> 然而，苏苏却一直没有安静下来，她反反复复地重
> 复着那句话："我要小汽车，我要小汽车……"

这件事情从表面看是苏苏太任性，在无理取闹。其实真正的原因是她看到那个小汽车上有个小灯在一闪一闪的，她很想知道

那个小灯为什么会闪亮，这是一种好奇的心理需求。当这种心理需求得不到安抚和满足时，苏苏只能以哭闹来表示抗议。

处于独立性萌芽期的孩子，一切事物都想弄个明白，这原本是好事。但是，这种"亲力亲为"的心理，往往会在不合实情中表现出来。这种任性，实质上是一种与家长对抗的逆反心理，其根源又在于家长初始没有重视她的心理需求。

面对这种情况，家长切不可简单地以孩子任性来对待。家长要了解孩子的心理需求，并认同这种需求，给以足够的重视。例如，上文中的苏苏妈妈，就完全可以和孩子聊聊那辆小汽车，聊聊车上的小红灯，并对明天和孩子一同买、玩小汽车进行想象。相信解决孩子的任性并非难事。

孩子产生任性的原因主要有两个：首先，由于孩子的认知水平不高，不善于从他人的角度考虑问题。其次，如今的父母大多过于宠爱孩子。孩子要什么，父母就给什么，甚至一些不合理的要求也迁就答应。渐渐地，孩子发现只要自己坚持，家长就会让步，自己的要求就会满足，于是就养成了任性的性格特征。

从心理学的角度来看，任性是儿童意志薄弱、缺乏自控能力的表现。但是，孩子的任性并不是天生的，而是家长不良教育方式的结果。有些家长抱着侥幸心理，认为孩子现在还小，有点小性子也没有关系，等孩子大了自然就会好了。

还有一些家长，则以自己的任性来对付孩子的任性，你越不听，我非要你听不可；还有一些家长，每当孩子任性的时候就互相推诿，爸爸说是妈妈惯的，妈妈说是爸爸宠的。于是，孩子不是出现狂躁、郁闷等异常情绪，就是毫无顾忌地张扬任性。

美国心理学家斯考特·派克认为：

> 爱不光是给予，它是合理的给和合理的不给；是合理的赞美和合理的批评；它是合理的争执、对立、鼓励、敦促、安慰。所谓合理，是一种判断，不能只凭直觉，必须经过思考和有时不怎么愉快的取舍决定。并且，这样做的人经常会处于一种两难的困境当中，一方面要尊重所爱的人在生活和人格上的独立，一方面又要适时提供爱的引导。

这种真爱复杂而艰巨，需要认真思考，需要不断创新。相反，溺爱不管看起来是多么富有牺牲精神，也是懒惰的、缺乏思考、陈旧、僵化，而且一成不变。最懒惰的就是放纵型的溺爱，因为这样做的父母居然放弃了思考，而让没有控制能力的孩子去发号施令。

爱是合理的给与合理的不给。面对女孩子不合理的要求，父母要学会对孩子说"不"，但是当面对孩子善意的任性时，父母就应该心平气和地同她讲道理了。在父母给女孩子讲的道理中，她能体会到一些棍棒教育不出来的东西，也只有这样的父母才会培养出一个耐心而懂得交流的女儿。

让小气鬼变成大气女孩

"妈妈，我可以去树林中采草莓吗？"一个夏天的早晨，艾米丽问妈妈。

"可以，不过你必须带着罗弗一起去。"妈妈说。

罗弗是她们家的狗，它已经跟随艾米丽三年了。

艾米丽高兴极了，妈妈做的早饭她只吃了两口就出发了。她不用担心自己会饿，因为妈妈把她的午饭装在一个铁盒子里给她带上了。

到了树林里，艾米丽采草莓，很快她就把自己的筐子装满了，于是她决定要回家了。就在她要走出树林的时候，一条大蛇出现在了她的前面，吓得她惊叫起来。这时，勇敢的罗弗跳到蛇身上，一口就把蛇的脖子咬断了。

它回到主人身边，用头蹭着主人的手，似乎在询问艾米丽有没有受伤。艾米丽搂着罗弗的脖子，哭着说："亲爱的罗弗，我以前太自私了，对不起。"

这件事给了艾米丽很大的教训，从此她变得不再自私。当别人需要自己帮助的时候，她总是热心地帮助别人，还和身边的每一个人分享自己喜欢的东西。

如今每家的孩子都是独生子女，父母长辈百般呵护，孩子生来养尊处优，对任何东西都有优先选择和拥有权。当孩子尚未形成独立思想的时候，她会认为所有这些都是理所应当，这就为孩子将来表现出来的"小家子气"埋下了伏笔。随着孩子慢慢长大，接触的人和事多了，她便很难把自己的双手张开，将自己的东西与他人分享，凡事只考虑自己，自私自利，无视他人的状况和感受。

一群幼教专家要进行幼儿心理测试，于是来到了一所幼儿园。

他们首先出了这样一个题目："一个小弟弟发烧了，他冷得直哆嗦，你愿意借给他外套穿吗？"结果孩子们半天都不回答。

老师着急了，她点名问一个孩子，孩子回答说："病了会传染的，他穿了我的衣服，那我也该生病了，我妈妈还得花钱。"

另外一个孩子则说："我妈妈不让，我妈妈会打我的。"

第三个孩子说："给我弄脏了怎么办？"

第四个孩子说："怕弄丢了。"

结果半数以上的孩子都找出种种理由，表示不愿意借衣服给生病的小弟弟。

孩子们的回答听着让人心寒。想想看，如果我们身边的每个人都是这样自私，不懂得互相关照和与人分享，不懂得发现并感恩他人对自己的帮助，那这个世界将是怎样的寂寞、荒凉呢？

萧伯纳曾经说：

你有一个苹果，我有一个苹果，彼此交换，每个人只有一个苹果。你有一种思想，我有一种思想，彼此交换，每个人就有了两种思想。

感激你所拥有的，分享你能与人分享的，就能获得别人不能获得的快乐。

很多家长总是在孩子出现问题的时候才慌张埋怨，殊不知很多问题都源于家长自身。比如当孩子小的时候，看中了别的小朋友的玩具，想一起玩却遭到拒绝，随后孩子也拒绝其他小伙伴分享自己的玩具。有的父母见状不置可否，甚至给予一些口头上的鼓励，这样，孩子的小气行为便愈加严重，甚至有的时候，家长见孩子将自己的玩具借给小伙伴，或将自己的零食分给同伴后，张口就是训斥，说孩子"缺心眼"，这些反应和行为都会造成孩子的小气的秉性。

再有，很多孩子的"小家子气"是源于家长的无谓牺牲的，经常有的家长把好吃的菜先给孩子吃，好的水果先让孩子挑，这种无谓的牺牲在很大程度上滋长了孩子的自私心理，而一旦孩子出现小气行为后，家长往往不分析原因便找出一个相当流行的说法："家里只有一个孩子，要是有两三个孩子便知道分享了""长大就好了"等等，以此掩盖自己教育的失误。

当孩子乐于与他人分享的时候，他的快乐就变成了双倍的快乐，她也会越来越大气，自然就会摒弃小家子气。作为家长，既要培养孩子大度的意识和能力，也要培养孩子体贴他人、自信、豪爽的性格；同时，还应该增加孩子与他人交往的机会，使孩子认识到人与人之间是需要互相扶持、互相慰藉的。

在日常生活中，家长关心别人、帮助别人，就会给孩子潜移默化的影响。父母要做与人分享的模范，为培养孩子的分享意识起表率作用。这样培养出来的女孩才会彻底摒弃小家子气，变得大气起来。

害羞的女孩也会大方起来

很多女孩都有害羞的毛病：课堂上回答问题的时候，总是低着头，声音也低得很难让人听清楚；当在校园里或大街上偶然遇到老师，也总是躲着藏着，生怕被发现；当班级里开展娱乐活动的时候，也总有一些同学会躲在角落里不声不响。

这些女孩似乎更愿意做"羞答答的玫瑰"，选择在别人发现不了的角落里静悄悄地独自开放，抑或是根本不给自己绽放的机会。害羞，总是让很多原本应该享受快乐的孩子们变得孤独，变得寂寞。

有这样一个故事：

德兰觉得自己长得不够漂亮，很自卑，走路也是低着头，像是害怕别人发现自己似的。有一天，她到饰物店去买蓝色蝴蝶结，店主不断地赞美她戴上的蝴蝶结很漂亮。德兰虽不信，但是挺高兴，不由得昂起了头，急于让大家看看，连出门与人撞了一下都没在意。

德兰走进教室，迎面碰上了她的同伴。"德兰，你抬起头来真美！"同伴拍拍她的肩说。

那一天，她得到了许多人的赞美。她想一定是蝴蝶结的功劳，可在镜前一照，她惊奇地发现，自己头上根本就没有蝴蝶结，一定是出饰物店时与人一碰弄丢了。

不过，德兰知道，以后她再也不需要蝴蝶结了。

害羞是一种难以描绘的情感屏障，同样，害羞也是一种痛苦，它会使孩子变得懦弱、不安、不快，会感觉自己很愚蠢，像一只被观赏玩弄的动物一样。于是，害羞使孩子开始逐渐远离身边的朋友，将自己封锁在一个很小的圈子。渐渐地，害羞的孩子的视野里便不再有欢笑，不再有友情，不再有自信，不再有分享，而剩下的，只是无边的孤独。

在日常的交际中，开朗的孩子要比容易害羞的孩子拥有更多的朋友，同时也更容易获得他人的喜欢和尊重。因为开朗的人善于将自己的感受和自信传达给身边的朋友，他同时也能接收到来自对方的信任和友爱。而经常害羞的孩子会给人一种不自信、不热情的感觉，别人与你交往体会不到分享的乐趣，那么久而久之，身边的人便会与你逐渐疏远，那样损失的一定是自己。

害羞是一种难为情，是对自己的过度关注，它究竟是好是坏，不能一概而论。但过度的害羞会使人消极保守，沉溺在自我的小圈子里，错过很多风景，也不利于一个人的成功。害羞的人通常表现为见到陌生人或者老师、领导等人时容易脸红，人多的时候，心里很紧张，不仅话都说不清楚，甚至连做事也常常出错，感到非常的苦恼。他们大多害怕参加集体活动，不敢当众讲话或者表演，从来不主动与人交朋友，在人际关系方面表现出严重的退避心理，在与人交往的过程中过多约束自己的言行，无法充分地表达自己的思想感情。

依据心理学者的论点，"害羞"是一种人格特质，其实害羞对孩子而言，在成长过程中还是可以克服的。没有人生来就是羞于表现的，孩子害羞，在生人面前局促不安、不敢说话，在带有竞争性的活动中，他们总是畏缩不前，无外乎以下几点原因：

1. 被错误的"好孩子"观念定型。总有些家长从孩子很小的时候就教育她要听话，家长说什么都要遵从，这样才算是个"好孩子"，尤其是对女孩的教育更是如此。但正是在这种观念的灌输下，孩子便走向了"好孩子"的误区，认为听话才是好孩子，于是所有的话都往心里藏，不愿意表达自己的想法，当着众人更是不愿站出来表现自己。

2. 缺乏家庭关怀。如果孩子在幼年时缺乏家庭温暖，内心肯定会不安恐惧，造成日后胆小的性格。

3. 家庭影响。如果父母处事过于谨慎，畏首畏尾，那孩子自然也会对外界产生畏惧心理。

4. 自信心受损。有些孩子因为一次失败而丧失了自信，再加上家长没有适时予以正确的分析和适度的鼓励，孩子很容易就一蹶不振，停滞不前。

5. 家长过度的保护。家长过度保护孩子，凡事替他完成，孩子没有自己动手的机会，无法形成独立思考的能力，长此以往也会使其变得害羞。

养育女孩：不要忽视对女孩的性教育

成绩一向优异的小迪在初三上学期突然间成绩滑坡，她甚至都不想上学了。班主任老师给小迪的妈妈打来电话，说小迪上课总是走神，有点精神恍惚。小迪的妈妈这才着急了，周末下午，妈妈想和小迪好好谈谈。没想到她还没张口，小迪就先哭了，一边哭一边说："妈妈对不起，我是个道德败坏的坏女孩。"

听女儿这么说，妈妈愣住了，急忙问："宝贝，快告诉妈妈发生了什么事，不管如何，妈妈都会原谅你的。"

小迪说："自从初二下学期，我就经常陷入幻想中。一开始还能控制自己，但逐渐就控制不了了，每时每刻都在想那些事，像强奸啊什么的。其实我也不想这样，可就是不知道怎么控制自己的思想。"

小迪说，这件事让她非常痛苦，她觉得自己年龄这么小，就想这些肮脏的事真的是道德败坏。她不敢对任何人说，她怕所有的人都瞧不起她。

妈妈听完，也不知所措。

父母不妨向美国家长取取经。

这里举一个美国家庭"性"早教的做法——预防性侵犯。

小于3岁的女孩：

父母会告诉女孩，身体是属于自己的；某些成人接触你的身体是正常的，例如：父母给孩子洗澡，医生或护士给孩子检查身体；如果某人接触你（指孩子）的身体，使你感到害怕、滑稽或惊讶，你一定要告诉家长。

4~5岁的小女孩：

父母会告诉女孩：当你不想被其他人接触身体时，可以明确告诉他人；一个大人在没有正当理由时，去观察和触摸身体隐秘部位，这是错误的；如果某人触摸你后要你保守秘密，你一定要告诉家长；如果某人触摸你让你迷惑不解，你也一定要告诉家长；如果一个成年人用不正常的方式触摸你，你是无罪的；无论是男孩还是女孩，都有可能遭遇性侵害；多数成年人是爱护儿童的。

美国的性教育从孩子零岁开始，而我们中国的性教育呢？许多十五六的中学生提性色变。觉得谈性是坏孩子做的事情，好孩子永远不要说这个话题。

这种认识错误其实源于家长的教育不当。家长要让孩子觉得性既不神秘，也不龌龊。孩子们对一切都是很好奇的，他们对性的好奇，就像对天文、对异域风情的好奇一样。这又怎能称为龌龊呢？不过，对性的认识，关系到身心两方面的健康，也关系到孩子今后对自我的控制等，所以必须严肃对待。

一般来说，妈妈和女儿讲，这样比较容易开口。家长千万不要再把她们当成小毛孩，对孩子的关注上也应注意提醒她们注意身体，不要太过疲劳，或者在选购内衣的时候，尽量选择较为宽松的等。

诚然，不同年龄段的女孩，家长对其进行性教育的内容也不同。家长对于女孩的性教育，要根据她的年龄而定。

对于5岁前的女孩，性教育主要是解决让她认识男孩和女孩性别的不同。妈妈在洗澡、睡前很自然地让女孩认识自己的身体，不要把女孩当男孩养，否则女孩从小对自己和他人形成性朦胧意识，以至于成人后可能会产生错误的性取向。

当女孩5~7岁时，她会向父母提出一些关于女孩和男孩差异的问题，此时父母应该根据自然现象，简单明了地回答问题，不能说得过分详细。

当女孩7~14岁时，父母则要对孩子进行较系统的性知识教育。不必太直白，可以采取一些隐喻法来讲，比如有这样一种说法：一位漂亮的姑娘春天把西瓜种子种到地里，之后她每天都给种子浇水、施肥，种子慢慢长出绿色的叶子，结出了小花，慢慢变成了小西瓜，小西瓜越长越大就变成熟透的香甜可口的大西瓜，这个时候就可以摘下来吃了。妈妈在肚子里也种了一粒种子，在妈妈的精心哺育下，这粒种子慢慢长大，十个月后就变成了一个小人，然后妈妈就把她摘下来，于是这个世界上就出现了一个美丽的女孩。这个阶段，在性知识教育的同时，家长还需要对女孩进行性道德教育，教给女孩一些性保护方面的知识。

对于14~18岁的女孩，妈妈可以买来有关的青春期性知识的书籍放在孩子的桌上，也可以通过聊天的方式告诉她一些性知识或性保护方面的内容。

第七章

打造多才多艺的全能型女孩

一个人的美不在外表，而在才华、气质和品格。

——俄国　马雅可夫斯基

爱学的女孩拥有优质人生

在女孩的生活里到处都充满着好奇，女孩在这些千奇百怪的想象里成长着。她总是爱问父母一些"为什么"，作为父母，应该注意保护好女孩的好奇心，不可扼杀女孩的好奇心。

琪琪一岁两个月时，有一次全家去酒店吃饭，酒店地上铺的是一种渗花瓷砖。

琪琪指着一块地砖问："妈妈，这是什么？"

　　妈妈耐心地解释说："这是一块地砖，它用来铺在地上，又好看又容易搞卫生。"

　　女儿似懂非懂地点点头，又指着一块地砖问："这是什么？"

　　妈妈依旧耐心地说："这也是一块地砖。"可是女儿并不罢休，兴味盎然地指着一块又一块的地砖不停地问："这是什么？这是什么？这是什么……"直到把所有的地砖指了一个遍，才心满意足地说："我知道了，这些都是地砖，都是用来铺在地上的。"

　　这时妈妈才惊异地发现，女儿并不是在简单地重复同一个问题，而是进行从无数单个事物中发现其普遍规律的抽象思维的活动。

　　琪琪发现每一块地砖的花纹虽然不同，但有一个共同的特征："都是铺在地上的。"

　　这是一个多么伟大的发现：从具体到抽象；从特殊到一般。人类认识世界、改造世界，就是这样开始和起步的。

琪琪的表现说明，好奇是孩子的天性。作为家长，你注意保护女孩的好奇心了吗？下面两个问题，请家长仔细思考后再回答：

1. 平时带女孩出去时，有没有利用女孩的好奇心启发女孩去观察、发现新事物？

2. 当女孩的问题多了以后，有没有耐心地对待女孩的好问？

如果家长回答是肯定的，那么您可能是一个合格的家长，您能够呵护女孩的好奇心。如果回答是否定的，那么家长最好对自己做一番反思。试想，您由起初的耐心回答，到渐渐地不耐烦、敷衍了事，甚至不理不睬，或者粗暴地制止……这样的态度对孩子将产生怎样的影响？

孩子正在认识世界，她渴望了解世界，而父母这样的态度无疑是对孩子积极性的打击，久而久之，提问总是得不到解决，她就会慢慢丧失提问的欲望，因而也丧失了一个成长的最好时机。

所有的父母都希望自己的女儿能够成才，为了给女孩努力的方向，他们不惜花钱让女孩上各种各样的培训班，向女孩讲述成功人士的成长经历，希望借此找到女孩的成才之路。但他们或许不知道，可能仅仅是对女孩兴趣和好奇心的一点点不耐烦或批评，就可能改变女孩一生的命运。

所以，作为家长一定要培养女孩如下几种能力：

1. 爱心与交际能力

母亲们有必要教给女孩一些为人处事的道理。比如可以告诉女孩"要和其他小朋友一起分享你的零食与玩具""有小朋友遇到困难时，你要主动帮助他""对老师和小朋友都要礼貌、友好"……

2. 明辨是非的能力

家长要给女孩灌输正确的是非观。告诉孩子："不是自己的东西，不要拿。""不要说谎，要实话实说。""答应别人的事情一定要做到。""自己做错了事情，一定要承担。"

3. 培养孩子创新能力

幼儿时期正是培养创新精神的黄金时期。同成人相比，幼儿的好奇心和好胜心强，没有过多的思想束缚，敢想、敢做。

这一时期，家长应鼓励女孩大胆创新。如在讲《司马光砸缸》这个故事时，你可以启发孩子去想其他一些方法。比如"去喊大人""找凳子拉""把缸推倒"等都可以。再比如，孩子在绘画时，将房子画成了绿色，将天空化成了粉红色，将河流化成了橙色……这个时候你不要斥责她，而是要欣赏她与众不同的创意。

此外，父母在这一时期，要积极探索孩子的天赋，看看孩子更擅长做什么。比如有的孩子喜欢音乐，有的孩子喜欢画画，有的喜欢垒积木……父母要捕捉到孩子的兴趣所在，并在后天加以培养。

在熏染中让女孩爱上读书

对于不爱读书的女孩来说，读书如一场战争，既要和自己的惰性较量，又要和家长较量。家长常常因为女孩不喜欢读书而忧心忡忡。

其实女孩不爱读书，不仅有自身原因，也跟家长有一定的关系。从古至今，书卷气都是一代代相互影响和感染的。如果孩子经常看到父母读书，她们就会不自觉地也跟着去翻一翻书，孩子有模仿的天性，慢慢就养成了读书的好习惯。等到养成了习惯，孩子也就能从读书中找到很多乐趣。

著名的童话大王安徒生的父亲是一个鞋匠，他除了做鞋，没有别的长处。但是他喜欢给孩子搜集书本，凡是他能找到的故事书，都整理了放在儿子的小屋——他们的杂货屋里。他爱读书，也爱给儿子讲故事，是安徒生最好的启蒙老师。德国文学家歌德，他是在母亲的故事里长大的，他说自己从父亲那里继承了健康的体魄，从母亲那里继承了丰富的故事和流畅的表达。

一个爱读书的家庭中，必定有爱读书的女孩。其实人人都需要读书，就算是事业有成的大老板，或者是全职主妇，读书都不会是多余的。华人首富李嘉诚至今保持着读书的习惯，他本身是做学徒出身的，并没有多少文化，就是凭着自学，慢慢成为一个有长远眼光和坚韧意志的人；比尔·盖茨也有读百科全书的爱好，他每年都要给自己安排一个学习的主题，然后围绕着这个主题去读书。像这些著名的企业家们，他们依靠读书的智慧而富有，但是等到自己不再需要金钱的时候，却发现自己最需要的还是知识。

很多家长牺牲了自己的休息时间来给女孩料理生活，却从来没有想过让自己给女孩做一个爱学习的好榜样。

同一个屋檐下，一边是麻将桌上的欢声笑语，一边是埋头学习的女孩，她怎能安心思考，怎能相信成年人的世界中最宝贵的是知识？只有当她发现自己不是一个人在学习，学习是一种人生的常态时，她才会感受到这个社会对知识的尊重和关注。

家长读的书，可以是自己行业内的指导书，也可以是各种各样的社科类书籍。如果父母想更清楚地了解女孩的学习状况，不妨借女孩的书来读一读。不要担心自己读不太明白，会在女孩面前丢人，如果你能向她请教，她还能不懂得"敏而好学，不耻下问"的道理？在学习当中和女孩沟通、交流，不仅可激发女孩的学习热情，还可让她感受到"原来我的学习也可以给父母带来快乐"。这对女孩来说，是证明她价值的一刻。

家长的阅读并不一定要从四大名著、三言二拍这些古典小说开始，读报纸、看杂志也是一种阅读。父母可以根据女孩的爱好来刺激她的阅读兴趣。如果她喜欢集邮，可以买一些邮票历史、常识方面的书；如果她喜欢玩三国游戏，可以买一本三国历史书，如此来开发女孩的阅读潜能。

女孩不喜欢读书，可能是多方面的原因。家长没有必要因此而斥责她，这样只会使她对读书更加反感。家长要懂得用正确的方法提高女孩读书的兴趣，比如，给女孩创造一个好的读书环境，经常带女孩去书店购买一些她感兴趣的书籍。

当女孩初步对读书感兴趣后，家长可以给她再挑选一些内容丰富的书籍，引导她怎样去理解书中的内容，并鼓励女孩去尝试写作，用这种读写结合的方式去提高女孩独立写作的能力，激发她的读书兴趣。

不妨给女孩布置一个书屋，在墙壁上贴一些提高读书兴趣的图画，比如"读书破万卷，下笔如有神""宁静致远""书山有路勤为径，学海无涯苦作舟"，等等。

培养女孩读书兴趣不是很难，但让她把这种兴趣转换成习惯，则多少有些难度。家长不妨督促女孩每天朗读一篇文章，让女孩有意识地识记文章中好的句子和词语。在读书中遇到问题提出疑问时，做家长的应尽量正确地回答女孩的疑问。在一些周末，家长可以在家中陪女孩一起读书。

爱读书的家庭，必会熏陶出爱学习的女孩。我们常说"书香世家"，可见我们相信书有香气，可以浸染整个家庭的文化氛围。父母爱读书，孩子也会好奇般跟着效仿，找到读书的乐趣，将来她就会成长为一个灵魂有书香气的女子。

带女孩走进艺术的殿堂

气质脱俗的女子从小必受到来自于艺术的熏陶。要想把女孩培养成具有高贵气质的女子，就要其从小接触艺术、感受艺术的魅力。艺术的概念是很宽泛的，并非一定就要学弹琴，学画画。女孩可以不擅长艺术，但却不可以不热爱艺术。艺术可以拓宽女孩的视野，增加女孩的见识，培养其良好的情趣。

一般，女孩在3岁以后就开始对自我和环境有了初步的审美要求。女孩到了一定年龄段会对唱歌、舞蹈、画画，甚至衣着、容貌等各方面产生浓厚的兴趣，这时，如果父母对女孩进行正确的指引导、鼓励，她就会对艺术产生浓厚的兴趣。

提到艺术，很多人认为它代表古典音乐、美术、雕塑、舞蹈等具体的学科，因而很多家长以为将孩子送到艺术学校，学一门才艺就算是跨进艺术的门槛了，这其实是对"艺术"一词的片面理解。我们没有必要去用学术的观点讨论艺术的定义，通俗地说，艺术是抒发、传递、调动思想情感的手段。

培养艺术领悟能力的方法之一就是学习乐器、倾听音乐、参观画展等，这一点已经得到很多家长的重视，不论孩子们是否喜爱，家长都愿意花钱将孩子送到才艺学校去接受艺术方面的教育和熏陶。殊不知，我们需要面对的已经不是孩子学习艺术的资金投入问题，而是如何让孩子与家长的相处成为愉快而祥和的艺术的问题。太多家长寄希望于乐器，却忽视了自己对孩子的艺术修养的引导作用。

希腊有个习惯，妇女在怀孕期间要观看美丽的事物，据说这是为了使孩子也能成为美丽的人。美能使人精神愉悦、情绪放松，而愉悦和舒适能使人变得更加美丽。

教育家斯特娜夫人也建议给孩子营造一个优美、舒适的室内环境。孩子的房间应选择空气新鲜、阳光充足的屋子；墙壁最好是有利于视力发展的暗绿色，上面最好挂有各种美丽的装饰，可以是名画的复制品；床要洁白，被子要软而轻；最好在桌上陈列一些孩子喜欢的雕塑。

与斯特娜夫人的主张相似的还有教育家洛克，他号召家长让孩子多接触音乐，并相信旋律可以刺激大脑的发育。

每个父母都希望自己的女儿成为人中之凤，具有极好的艺术修养。那么，怀着这样期许的家长就要先修自身了。家长在孩子的生活处处留下痕迹，即便是孩子对艺术的理解也不例外。能够对艺术有敏锐的感知的孩子，心灵往往也敏锐纯洁，这样的心灵需要家长来呵护。说到底，还是要求家长自己有涵养。

如果家长的言语和动作都粗俗不堪，又常常在孩子面前谈论是非、吵架骂人，给孩子留下的就会是一副市井小人的形象。一方面孩子会模仿，自己成为一个缺少教养的人；另一方面，孩子的心灵也会被家长损伤，这样的孩子即使面对青山绿水、天高云淡的美景也会无动于衷。

与孩子一起学习名著、排演戏剧、朗读诗文是很好的接触艺术的方式，做孩子的听众，让他在家里演奏乐器，就像开自己的演奏会一样，这是激发孩子学习的最好方式，也是让孩子的心灵得到爱的最好方式。

有艺术修养的人更容易赢得别人的敬重，这也是艺术带给人生的一种财富。艺术的魅力不仅是激发心灵、调动情绪，它还能丰富孩子的灵魂，使孩子建立起一种对美的信仰和追求。

良好的审美也是一门艺术。女孩们对美也会存在这样那样的误区，这就需要我们家长对女孩进行审美教育，让她拥有正确的审美观，让她知道真正的美来自于内心而非简单的穿着打扮。

关于审美，苏联著名教育家苏霍姆林斯基说得很明确：

美育的最重要的任务是通过周围世界的美、人的关系的美而看到精神的高尚、善良和诚挚，并在此基础上确立自己的美的品质。

著名美学家朱光潜先生也认为：

"美感教育是一种情感教育"，"美感教育的功用在怡情养性"。

由此可见，在培养审美观的过程中，女孩最大的收获不是更好地感知和理解何为美，而是在享受美的过程中接受教育，在不知不觉中陶冶性情，培养情操，学会以开阔的胸襟、从容的姿态面对人生。

有才华的女孩更高贵

艺术可以拓宽女孩的视野，增加女孩的见识，培养自己良好的情趣。

有才华的女孩总是会令人印象深刻，并且给人带来愉快的心情，古今中外皆是如此。

当这样的女孩走入社会后，一笔清新的好字，可以给上司留下深刻的印象；弹一站漂亮的钢琴曲，能让平时普通的她多一份浪漫色彩；甚至当她以后结婚成家，能做一盘可口的家常菜，比漂亮的妆容更令他惊喜和佩服。才艺不仅可以丰富女孩子的生活，更有益于养成平和恬静的心境，让她的内心世界和生活本身一样多姿多彩。

深谙交际技巧的女孩可以很快认识朋友，但要赢得尊重和好感，还需要有自己的见地和特长。

日常生活的感触琐碎细小，终日谈论生活是非，终归显得没有风度。而一个思想上站得更高的人，见地往往不同凡响，能赢得听众发自心底的赞叹。那么什么可以让人的灵魂站在更高的境界？答案是艺术。

提到艺术，很多人认为它代表古典音乐、美术、雕塑、舞蹈等具体的学科，因而很多家长以为将孩子送到艺术学校，学一门才艺就算是跨进艺术的门槛了，这其实是对"艺术"一词的片面理解。我们没有必要去用学术的观点讨论艺术的定义，通俗地说，艺术是抒发、传递、调动思想情感的手段。

按照这样的定义，每一个人都是艺术家，每个人的日常生活都可以成为一门艺术。只要是发自内心的真情实感，普通人的只言片语也可以是至理名言，就像创作《少女的祈祷》的那个姑娘，很多人已不记得她的名字，她将自己对生活的热爱流露在琴键上，成就了今天的世界名曲。艺术并不是专属于大师的，它属于每一个人，因而也就没有必要盲目地崇拜西方的交响乐和让我们迷惑的希腊神话。

当然，培养女孩的才艺也要尊重孩子的兴趣，千万别让学艺成为她的负担。让女孩学习一门艺术，对于开发女孩智力、陶冶情操、活跃生活都大有裨益，或许还能造就出一个"小天才"，但当学艺成为女孩不堪承担的重负，家长就必须重新思量了。

有一位父亲在女儿两岁时就让女儿学艺，每天都规定女儿必须做什么，不准做什么。如果女儿不听话，就狠狠地打她。在这种环境里，女儿的确取得了不小的进步，不到10岁，就弹得一手好琴，擅长书法和绘画。

有一次，女儿在绘画比赛中获得了一等奖。他非常高兴，得意地说："我太幸福了，十年磨一剑，工夫终于没有白费。"

但是，当他看到女儿获奖的那一幅画时，惊呆了：在画上，有一只乖巧的小羊正在弹琴，在旁边站着一只龇牙咧嘴的大灰狼，在狼旁边标了这样一行字："你得一直弹我爱听的曲子！不然，我就吃掉你！"

看完这幅画后，这位父亲恍然大悟——乖巧的小羊，还有龇牙咧嘴的大灰狼——这是女儿在控诉我啊！

孩子对于外界的一些事物，尤其是某些艺术类的事物感到好奇，是孩子的天性，如果在这个基础上加以正确的引导，发展为孩子的兴趣、爱好是对的。但若不顾孩子的想法，不由分说地强制孩子学艺，剥夺她们爱玩爱自由的天性，往往会导致相反的后果。想想自己是否也有文中那位父亲的做法？

女孩学习才艺固然是好事，但家长切忌太功利，否则会扼杀女孩学习才艺的积极性。

家长要有这样的心态：不一定要求女孩在钢琴比赛上拿到大奖，但至少能够使女孩拥有欣赏音乐的趣味，能对音乐有自己独特的感受；不一定要女孩画出多么伟大的作品，但需在偶尔起兴的时候，画一张自己喜欢的素描，贴在墙上，愉悦眼目；甚至不一定要女孩学精任何一样才艺项目，只需通过生活中的各种修炼和感悟，成为一个纯粹、高雅、有魅力的女子，拥有面对世间一切人、一切事、一切境遇的智慧，能够在世界上独立、坚强又幽默地生活着，并活出自己的色彩和趣味。

养育女孩：兴趣是导师，鼓励是力量

人们普遍认为男孩女孩在学业方面各有所偏，男孩偏向于理科，女孩偏向于文科。事实上，无论男孩女孩都能在某一领域成为有非凡建树的人。男孩不一定文科就差，男孩也会成长为享誉全球的作家；女孩也未必理科都不行，也有很多闻名世界的女科学家。

很多家长比较头疼的是家里的女儿数学成绩总比语文差。其实女孩是可以学好数学的，最为关键的是，家长要想方设法让她对数学产生浓厚的兴趣，并让她练就一种越挫越勇的斗志。对此，不妨参考下面这个故事里的教育方法。

小莫的数理化一向不太好，但她的父母似乎对她总有用不完的信心。

这不，父母又鼓励她用半年的时间攻克数理化这一大关卡。

刚升入初三时，女生们都议论，说物理的电路部分是最难的，很难学会，而小莫对同学们的这种畏难情绪付之一笑，她可不想被这些成见左右。

事实上，她也学得很好。有一次，物理老师想找一个同学到黑板上画一个非常难的电路图的时候，很多男生都不敢去，小莫却勇敢地举起了手。结果出乎意料，也许她过于自信，她画错了，结果教室里一片哗然，下课之后同学们也在偷偷地说她太过争强好胜。

小莫很难过，她告诉了父母这件事。父母鼓励她说："你可以做到的，你一定要相信自己。不管别人怎么说，你都不要放弃自己。"

小莫听了父母的话，重新鼓起勇气，她在课后反复思考这道题，甚至睡梦中也不忘寻求灵感，终于找到了正确的方法。在初三第一个学期，这个女孩的确实现了当初的想法：用半年的时间学好数理化。

小莫的父母可谓明智，他们没有传统家长那种思维定势，他们始终相信女儿能学好数理化。其实父母的鼓励和信任对于女孩来说，是一种无形的鞭策，它大大提高了女孩的学习积极性。女孩会因此对数理化产生兴趣，并逐一将其攻克。

很多年轻父母知道提高女孩学习积极性的重要性，可是却不知道用什么方法来激发她的潜能。在此，和家长们一起分享一些方法和建议：

1. 让女孩尝到成功的滋味

若孩子的语文好而数学差，在做功课时，就让她先做语文作业，然后再做数学作业。在做数学作业时，也要让孩子由易到难地来做题，以增强信心。

2. 父母要有足够的耐心

要提高孩子的学习兴趣，父母要避免急躁情绪，不能操之过急，更不能强迫孩子学习数学。如果逼得太紧的话，女孩便会对数学更加厌烦，更不想学。

3. 要多给孩子以鼓励

对于孩子好的表现和好的成绩，父母一定要称赞鼓励。孩子如果失败了，也不要批评她，这样极其容易挫伤她学习数学的积极性。不妨也给那些"失败"的孩子设一个奖励——失败奖。这样做，远远比安慰她更有效！

4. 控制孩子的学习时间

家长一般可以参考这个标准：如7岁的孩子在家一次连续做功课的时间不要超过半小时，8～11岁的孩子不要超过50分钟。如果做功课的时间较长，中间一定要让她休息休息。

5. 刺激孩子的求知欲

父母应该常带孩子去参观博物馆、动物园和图书馆等地方，既能游玩又能增长见识，潜移默化中激发了女孩的求知欲。

下篇
男孩养志气

第八章

饱经挫折的男孩更有出息

给孩子多多提供尝试机会也是实施挫折教育的有机组成部分。孩子一旦被剥夺了尝试的机会，也就等于被剥夺了犯错误和改正错误的机会，因此也不可能迈向成功之路。

——德国　舒马赫

溺爱出的男孩不会有发展

溺爱是男孩成长的大敌。疼爱孩子是父母的天性，但是如果疼爱得过了头，那就变成溺爱了。

教育男孩，最忌讳的就是溺爱。一个在溺爱环境中长大的男孩，别指望他将来会有出息。对男孩的爱，只能放在心里，表现出来的，该狠还是要狠一点。要舍得让男孩吃一点苦头，不要对男孩的要求全部给予满足。以男孩为中心，一味地溺爱，是不利于男孩身心健康的，对他们的成长极为不利。

一对夫妇中年得子，对儿子是百般疼爱，什么都依着他，他要什么就给什么。儿子是个比较内向的男孩，平时不爱和人交往，学习成绩也是普普通通。高中毕业之后，儿子没有考上大学，父母就将他送入了一所私立大学读书。就在儿子读书期间，夫妻两个人每两个星期都要到儿子的学校去看望他，生怕他有什么不适应。

大学毕业之后，父母并不鼓励儿子主动去找工作，他们对儿子说：你是大学毕业生，可以找一份好点的工作，意思是不让儿子出去受苦受累。于是儿子也很心安理得地在家里过了两年，但是什么工作都没有找到。后来父亲不得已帮儿子找了一份很普通的工作，儿子上班不到一个月就回来了，说是不适应，而这一回来，就在家里待了4年，这4年中不出家门一步。

看到儿子这样，做父母的尽管十分担心，还是一味地由着他，但是老两口年纪一把，这么下去，儿子以后怎么办呢？父亲为此渐渐变得不爱说话了，心中的压抑堆积了起来，最后得了忧郁症。父亲住院了，儿子也不去看望，而母亲不得不在照顾了丈夫之后又回家给儿子做饭。

这是一个真实的故事，可以说，儿子能走到今天，都是父母溺爱的结果。这样的男孩，如此自闭、冷漠、寡情、无能，几乎是等于一个废人，更谈不上什么男子汉了。这是孩子的悲剧，更是父母的悲哀。

一般来说，在家庭当中，家长溺爱孩子，最典型的表现有以下几种：

1. 对男孩给予"特殊待遇"，使男孩滋生优越感

有很多家长依然抱着"重男轻女"的思想不放，或者由于男孩是家里的独生子等原因，在家里的地位高人一等，处处都会受到特殊照顾。这样的男孩必然是"恃宠而骄"，变得自私没有同情心，不会关心他人。

2. 对男孩的各种要求"无条件满足"

有的父母对男孩的各种要求总是无原则地满足，儿子要什么就给什么。有的父母觉得"再穷不能穷孩子"，即便是自己省吃俭用，也要满足男孩的无理要求。这样长大的男孩必然养成不珍惜物品，讲究物质享受，浪费金钱和不体贴他人的坏性格，而且毫无忍耐和吃苦精神。

3. 对男孩进行过分的保护

有的父母为了男孩的"绝对安全"，不让孩子走出家门，也不许他和别的小朋友玩。更有甚者，变成了儿子的"小尾巴"，

步步紧跟，含在嘴里怕化了，吐出来怕飞走。这样养成的男孩一定会变得胆小无能，丧失自信，养成依赖心理，或者是在家里横行霸道，到外面胆小如鼠，造成严重的性格缺陷。

4. 袒护男孩所犯的错误，即"护犊子"

当男孩犯了错误的时候，妈妈总是视而不见，反而说："不要管得太严，孩子还小呢。"有时候爷爷奶奶还会站出来说话："不要教得太急，他长大之后自然会好的。"这样环境里长大的男孩没有是非观念，长大之后很容易造成性格的扭曲。

为了男孩的健康成长，家长要给予他充分的爱，但是不可以一味地迁就儿子，这样培养出来的孩子将来会出现很多问题：缺少远大的理想，缺少是非的观念，缺少良好的习惯，缺少挫折教育，等等，直接影响孩子的未来。

经历艰辛的男孩更有前途

如今，我国的许多家庭物质条件好了，又多是独生子女，所以家长们一门心思地想让孩子尽量过得舒服些，孩子要什么就给什么，口袋里零花钱几乎不断。孩子手里的钱多了，可以买自己所需的用品和心爱的物件，但是也令人担忧。

很多孩子逐渐形成一种攀比心理。他们往往不知道钱是怎么来之不易，想买什么就买什么，久而久之，乱花钱的行为就会根深蒂固。如果这种行为放任自流，很容易将孩子引向拜金主义的深渊。

事实证明，大多数杰出的人从小都有过过苦日子的经历，美国前总统富兰克林·罗斯福的儿子就是其一。

罗斯福是美国历史上唯一连任四届的总统。他不仅治国有略，而且教子有方。四个儿子在他的教导下，投身于二战中浴血战火，并且连立战功。之后，四个儿子又都跻身美国政坛。

罗斯福曾经说过这样一句话，"对儿子，我不是总统，只是父亲。"

这句话是他一贯遵循的教子原则，也在美国人心中产生过不小的震撼。

罗斯福十分注重对孩子独立人格的培养，他认为孩子在思想上应该是独立的。当二战正越战越激烈的时候，儿子问罗斯福该怎么办。他说："要我告诉你该怎么做，那你应该首先认清我是一个怎样的父亲。你们的事是你们自己的事，我从不干预。"

罗斯福竭力反对孩子依赖父母过寄生的生活。在事业上，他从不给儿子任何资助，让儿子们凭着自己的能力去打拼，自己赚钱。

但在钱财方面，罗斯福也异常严格。他在金钱的支配上，绝不让孩子们放任自流。有一次，他的儿子在一次旅行中买了一匹好马，钱花得没有多少剩余，连回程的路费都买不起，就打电话要求父亲给予帮助。他对儿子说："你和你的马游泳回来吧！"儿子无奈，只好把马卖掉，买票回了家。从此以后，儿子懂得了不能无计划用钱的道理。

在发达国家，人们生活普遍比较富裕，但大多数富人对孩子要求甚严。他们生活保持低标准，并不鼓励孩子纵欲使性，为的是砥砺孩子的意志，培养孩子艰苦的品质，不让他们堕落成钱多智少的庸才。

美国前总统罗斯福就不肯为儿子拿路费的例子，实在出乎大家的意料，但正是他用"穷养"的方法才教会了儿子自食其力。

让男孩们在钱财上苦着点，实际上是为他们的未来着想。如有可能，可以让孩子适当地参与父母的劳动，让他们深刻体会到父母工作的辛苦。

有一名对已下岗的父亲嗤之以鼻的男生，有一天，陪父亲在街头替人修自行车，还在父亲手把手的指导下拧了几下扳手。他回家后默不作声，脸上写满了愧疚。从此，每当父亲回家，他必定端一盆温水，绞干毛巾塞到父亲手里。那份真诚的孝心，出自对父亲艰辛工作的感激和敬重。

如此生活环境中长大的男孩子，必定懂得生活的艰苦，比同龄的孩子更坚韧，在将来的人生道路上，也就更容易取得成功。

父母与其给男孩一座"金山"不如教给他们"点金术"。

问题在于很多有钱人都把钱的作用扩大化了，因而忽视了孩子的教育以及独立生活能力的培养。

积累财富任其消费，以为这样就是爱心的充分体现。实际上，这是危害子女的普遍做法。

那么，我们应该给孩子留些什么？

林则徐做出最好的回答：

> 子孙若如我，要钱干什么，贤而多财，则损其志；
> 子孙不如我，留钱干什么，愚而多财，益增其过。

曾国藩写信给儿子说：

> 银钱田产最易长骄气逸气，我家断不可积钱，断不可买田，尔兄弟努力读书，绝不怕没有饭吃。

为人父母者假若不下苦心培养子女自食其力的习惯，在当今乃至今后"凭本事吃饭"竞争激烈的社会里，你的孩子如何将自己的饭碗端牢？你纵然富甲一方，给你的孩子留下一座金山，也架不住子孙坐吃山空、挥霍一尽。古训说的"富不过三代"，正是这个道理。

养尊处优并不是父母送给孩子的最好礼物，恰恰可能埋下祸根。倒是那些从小就挣扎在社会最底层的人们，没有别的出路，没有任何指靠，只有以死相争，常常可以出人头地建功立业。理性的家长用金钱为孩子健康成长提供基本条件，而不是让孩子在挥霍金钱中消磨意志，自毁前程。

吃过苦的男孩才会承担责任

1920年，有个11岁的美国男孩踢足球时不小心打碎了邻居家的玻璃。邻居向他索赔12.5美元。在当时，12.5美元是笔不小的数目，足足可以买125只母鸡！

闯了大祸的男孩向父亲承认了错误，父亲让他对自己的过失负责。

男孩为难地说："我哪儿有那么多钱赔人家？"

父亲拿出12.5美元说："这钱可以借给你，但一年后要还我。"

从此，男孩开始了艰苦的打工生活。经过半年的努力，终于挣够了12.5美元这一"天文数字"，还给了父亲。

这个男孩就是日后成为美国总统的罗纳德·里根。他在回忆这件事时说，通过自己的劳动来承担过失，体会赚钱的辛苦，使我懂得了什么叫责任。

里根应该庆幸，庆幸有这样一个让自己懂得什么叫责任的父亲。里根的父亲懂得"小男子汉"应当学会对自己的行为负起责任。打碎了玻璃，就要相应赔偿，如果钱不够的话，父母可以借钱给他，但这不意味着他会得到父母一分钱的"财政补贴"，为了偿还这笔债务，里根必须要有自己的还款计划。比如，早晨为附近的邻居送牛奶、取报纸，周末为别人修剪草坪，节约自己每周的零花钱，等等。

有一次，一位外国妈妈带着自己7岁的儿子到中国一个朋友家做客。

女主人对外国友人的到来非常高兴，特别学习了西餐的做法。她对外国母子说："今天我做西餐给你们吃，你们尝尝中国人做的西餐味道好不好。"

7岁的男孩听女主人要给他们做西餐，心想：中国人做西餐肯定不好吃。于是，当女主人问他吃不吃的时候，小男孩坚定地回答："我不吃。"

等女主人把西餐端上来的时候，小男孩一眼就看到了漂亮的冰激凌。这么好看的冰激凌味道肯定很好！小男孩有点迫不及待地对妈妈说："妈妈，我要吃冰激凌。"

女主人很高兴男孩能够喜欢自己做的冰激凌，就高兴地把冰激凌端到小男孩面前，说："来，吃吧！"

谁知，男孩的妈妈严肃地对女主人说："不行，我儿子说过他不吃西餐，他要为自己说过的话负责，今天他不能吃冰激凌！"

小男孩着急地哭起来："妈妈，我就想吃冰激凌！"但是，这位妈妈根本不为所动，只是对儿子淡淡地说："你得为自己负责。"

女主人看着，觉得男孩的妈妈也太认真了，就说："给他吃吧，孩子总是这样的。"

男孩的妈妈严肃地对女主人说："亲爱的，我们要培养孩子的责任心。"

结果，无论男孩怎么哭闹，妈妈就是不同意让他吃冰激凌。

孩子们做事情经常是随心所欲的，如果我们不加以引导，这种倾向就有可能让孩子变得不懂得自制。

故事中那个外国妈妈的做法值得我们借鉴，不管事情大小，在孩子作出决定或者说出某句话后就必须承担责任，为自己的行为负责。

如果你的儿子从学校回家比平常晚了半小时，你会怎么做？是斥责，是怒骂，还是？当然不行，这些方式不仅于事无补，还会加深孩子的叛逆和反感心理。

我们试想一下：如果上面故事中的外国妈妈遇到这件事她会怎么做？从她处理冰激凌这件事情来看，她会对孩子表示充分的理解，但是，她也明确地告诉孩子："你玩的时间自然也就少了半个小时，这个时间我们可要遵守。"

因为这个妈妈明白，只有让孩子懂得自己的行为将会产生什么后果，他才会对自己的行为负责任。

在培养男孩的责任心之前，我们还应该注意一点，那就是，孩子做事往往是凭兴趣的，要让男孩对某件事负责到底，必须清楚告诉他做事的要求，并且与处罚联系在一起。这样，孩子才会明白一个人是要对自己的行为负责的道理。

苦难最能磨炼男孩的意志

一位已经上了大学的男孩，喜欢吃鱼，但不"喜欢"摘刺儿。据说他妈妈"喜欢"摘刺儿，而"不喜欢"吃鱼。于是他们母子多年来就成了理想的"搭档"。后来，男孩到了一个盛产鱼的国度。他从那里回信说，正是妈妈的"喜欢"帮助，几乎剥夺了他维生的"技术"。

爱默生说：

坐在舒适软垫上的人容易睡去。

一个人坐在健身房里让别人替自己练习，是永远无法增强自己肌肉力量的。前面讲到狮子将小狮子推到深谷自己求生的故事，就说明"不依靠别人，凭自己的力量前进"的可贵。

惯于依赖的孩子喜欢追随别人，遇事求助别人，没有自信心，不敢自作主张，不能自己决断，在家中依赖父母，工作后遇事宁愿依赖同事或上司，害怕独立，不愿自己创造，不敢表现自己。这些都意味着人格还没有趋于成熟和健全。

心理学的研究把人分为两种类型，即内控型和外控型。内控型的人常常这样描述自己："我身上发生的事很大程度上取决于我自己做出的决定和付出的努力。当我无法改变事情的时候，我仍然可以决定以何种方式来应对。"外控型的人经常会这样说："我的快乐和痛苦不是我能决定的，这取决于别人或取决于命运。"

换句话说，内控型的人相信自己，并会通过努力和负责的行动，改变自己的命运；外控型的人认为人是不能改变自己的命运与境遇的，因而他们是被他人、外界或命运摆布的弱者。

把孩子放在随时可以指望父母或他人帮助的地方是非常危险的。在一个可以触到底的浅水处是无法学会游泳的。而在一个很深的水域里，孩子会学得更快更好。当他无后路可退时，他就会安全地抵达河岸。

依赖性强、好逸恶劳是每个人与生俱来的人性弱点，而只有把孩子逼到"迫不得已"的形势下才能激发他们身上最大的潜力，只有让孩子完全抛弃可以依赖的拐杖，勇于去走自己的道路，才能真正自立自强。

一家大公司的老板曾说，他准备让自己的儿子先到另一家企业里工作，让他在那里锻炼锻炼，吃吃苦头。他不想让儿子一开始就和自己在一起，因为他担心儿子在他的大树荫下，被他遮住了阳光，难以成为栋梁。

在这方面，华人富豪李嘉诚做得很好。他曾让自己的儿子李泽钜和李泽楷两兄弟到过外国人的咨询公司打过工，磨炼他们独立的精神，他的用心得到了实际的回报，李泽钜后来担起了家族发展的重担，而李泽楷也拥有了新的事业，和父亲并驾齐驱，一同奋战商海。

这些具有远见的家长知道，在父亲的溺爱和庇护下，想什么时候来就什么时候来，想什么时候走就什么时候走的孩子很难会有大的出息。只有自立精神能给人以力量与自信，只有依靠自己才能培养成就感和做事能力。

在锻炼孩子勇气方面，英国人的做法是值得家长们学习的。曾经有这样的事情：英国西南部的瓦伊河畔，有一所由少年探险组织建立的河流探险训练中心，专门为孩子们提供探险机会。

在那里，孩子们每天一早就来到河边，由专门的人负责教他们游泳和划船。训练是艰苦而紧张的，每一次练习都有孩子落水，也有些人受伤。在激流中拼搏，需要具有坚强的意志和勇气。孩子们在这里不仅仅学习了划船等技术，更重要的是锻炼了他们的意志，培养出勇敢的精神，同时也懂得了互敬互爱和团结合作。

在英国很多地方都有类似的活动，目的不是为了学习某种技巧，而是为了锻炼孩子的意志和勇敢精神，为以后的工作和生活做好各方面的准备。

在家庭教育中，英国人的这种做法是值得提倡和推广的。锻炼孩子的勇气，首先要求父母是勇敢的人。如果父母自身就对困难或对带有一些危险的活动感到害怕，那么这样的父母培养出来的孩子就不可能有勇敢的精神。有些父母仅仅是为孩子的安危担忧而牺牲给孩子锻炼的机会。事实上，这样做是很自私的，也是很懦弱的表现，因为这些父母更多地是为了保护自己的感情不受到万一可能发生的危险所带来的伤害。

养育男孩：让男孩做力所能及的家务活

据一项抽样调查显示：

上海高中生对家务劳动的疏远程度，达到了令人吃惊的地步。调查表明，高中生近六成起床不叠被子；五成从不倒垃圾，也不扫地；七成不洗碗，不洗衣服；九成从不洗菜做饭。还有部分高中生什么家务也不做，个别人连整理书包都还要家长代劳。

是现在的男孩真那么懒，不肯做家务劳动吗？其实不然，调查结果出人意料，有82％的高中生表示愿意做家务，36％的学生认为做家务很开心，是一种乐趣，有40％的学生说家长不让做家务，也从不教他们怎么做。

家长理由是：他还只是个孩子，他现在的任务就是学习，这些事等他长大了再学做也不迟。这些家长的一片"苦心"，使男孩们不仅不会做家务，养成了衣来伸手、饭来张口的习惯，以为别人为自己做什么都是应该的，却不知道自己也有关心与帮助别人的一份责任。

教育家苏霍姆林斯基认为：

> 体力劳动对于小男孩来说，不仅是获得一定的技能和技巧，也不仅是进行道德教育，而且还是一个广阔无垠的、惊人的、丰富的思想世界。这个世界激发着儿童的道德的、智力的、审美的情感，如果没有这些情感，那么认识世界（包括学习）就是不可能的。

为了男孩将来能更好适应社会，让男孩了解父母的辛苦与不易，家长可以在男孩上小学高年级或初中时，周期性地让男孩当一天（或两三天）家，是一个行之有效的办法。

具体的操作方法：找一个周末，让男孩为第二天的生活与活动安排做一个预算与计划，然后从明天早上起床开始，就由男孩上岗指挥与组织一天的家务与游玩。父母则在男孩指挥下加以配合，需要多少钱，买什么菜，到哪里玩，坐什么车，走哪条路线，均由男孩来筹划。父母要放手、信任，不要干预，即使男孩安排得不是最合适，也不要当即否定，而是等第二天再与他一起总结，先让他自己提出改进意见，然后再补充。相信男孩对这样的活动定会兴致很高，也会十分用心和负责任，快乐与收获定会出乎你的意料。

其实每个男孩身上都隐藏着勤劳的种子，小时候他们往往看到妈妈擦桌子，就迈着小步伐跑过来想帮妈妈擦；长大点看到妈妈做饭，就跑去厨房给妈妈打下手，但是碰到这种情况时，我们的父母常常会说："你干不好，让妈妈来。"或者说："一边看书去，别来打扰我做饭。"男孩心中勤劳的小火苗，就是这样慢慢被父母熄灭了的。等父母发现孩子变得越来越懒的时候，想重新点燃它，就会变得异常困难了。

作为父母，如果想教育男孩从小养成勤劳的好习惯，首先应该教导男孩有一个积极的劳动态度。

俗话说态度决定一切，要男孩养成良好的动手习惯，就先从改变他们对劳动的态度开始吧。

你可以选择对男孩进行言传身教，多给他讲一些勤劳的故事，比如在勤奋中长大的商人李嘉诚、用勤奋换来的天才童弟周，给男孩制造一个勤劳的家庭氛围，让他从意识上觉得劳动最光荣。只要养成男孩热爱劳动的习惯，燃起他们认真劳动的渴望时，就能使男孩形成勤劳的性格。

让男孩尽早参与家务劳动，要讲究方法，你可以列出一张家务清单，让他每天依次照做。这样，不但可以培养男孩的独立性，也可以使男孩更有责任感。比如可以让男孩帮忙擦桌子、洗碗筷等。当男孩完成了你交给的任务后，要跟他说声"谢谢"，并给予适时鼓励。

第九章

"穷"养的男孩更知奋进

> 贫穷不会磨灭一个人高贵的品质，反而是富贵叫人丧失了志气。

> ——意大利 薄伽丘

教会男孩自力更生的能力

很多父母热衷于为孩子创造最好的物质条件，而不是教给他们自力更生的能力。

《易经》中讲："积财伤道。"古代有智慧的父母从来都不会给孩子留下财富，担心他们会坐吃山空，会丧失谋生的能力，这样的做法，是为孩子的一生一世着想。聪明的父母会把谋生的本领传授给孩子："一技在身，胜过家财万贯。"

汉朝的刘邦打下天下之后，为100多个功臣分封土地，并且分给他们很多田宅。在分封土地的时候，丞相萧何要了一块很贫瘠的土地。因为土地贫瘠，如果不辛勤耕作就没有饭吃，并且后代的子孙也会懂得勤劳节俭。汉朝建国100年之后，有一位史学家做了个考察，想了解一下最初被分封的这100多个功臣，如今他们的后代都怎样了，结果这个史学家非常吃惊，因为这些功臣的后代，基本上已经都没落了，而丞相萧何的后代还生存得很好。人们不得不佩服萧何的深谋远虑，留财产给子孙的做法是最愚蠢的，重要的是留下做人的智慧给子孙，留下做人的榜样给后代，这才是他们取之不竭的财富。

父母给孩子最好的礼物，不应该是限量版的耐克或芭比娃娃。比有形的财富更重要的，是在保护中让他前进、尝试适应艰苦的环境。

用金钱来奖励，其实是扼杀了孩子的尝试机会，让一切想要的东西都变得简单、唾手可得。他们就失去了支配自己的生活、教育自己、锻炼自己的能力和意识。

无论是艺术家、科学家、演员还是建筑工人、农民，勤劳是所有人创造财富的不二法门。作为父母，千万别让阔绰的生活助长了男孩的坏习气。平时对男孩的零花钱数目也要及时地掌控。

现在的男孩都是家里的"小皇帝"，手中的零钱多了，大手大脚花钱的现象也随之增多。

如果这么小的男孩就对金钱有强烈的占有欲，那么，势必会引导他们常常想着要钱，这对男孩的成长极为不利，甚至可能导致其走上犯罪道路。生活中，跟风、追求高消费的男孩比比皆是。

据报道，我国大城市中有95％的男孩有吃零食的习惯，32％的男孩用零花钱进"三室二厅"，还有的男孩（特别是城市男孩）之间攀比穿戴，不惜重金购买高档服装，互送贵重礼物现象日趋严重。个别男孩用零花钱吸烟、酗酒、赌博，邀集"兄弟们"为自己撑腰。

与之相反的，美国的洛克菲勒家族拥有的财产难以数计。但是老洛克菲勒每个月才给儿子几美元零花钱。有人问他："你这么多钱，为什么还要如此吝啬？"

洛克菲勒回答说："这不是吝啬，而是责任。我之所以这样做，是要让他从小就知道，钱来之不易。只有养成节俭的习惯，长大后才能有所作为。"

其实管好男孩零用钱，是培养男孩理财的一个很重要的细节教育。

有些父母担心，给小孩零用钱会养成他们浪费的习惯，因此对给零用钱一事十分慎重。

事实上，在男孩的成长过程中，金钱的运用是一项很重要的社会学习，它深深影响男孩一生的人际关系与人格、心理的发展，无论采取过度限制还是过度放任的做法，都不太妥当。

给男孩零用钱，并非只是为了满足他们的需要，而是能够教会男孩具有经济头脑，也能够训练男孩养成良好的理财习惯，而且这类教育宜早不宜迟。

受到良好金钱观教育的男孩长大成人后才能对金钱抱有正常的心态，才能处理好人与金钱的关系。

因此，和儿子商定零花钱的数目有着很大的学问。

首先零用钱要给得适当。一是数额要适当，要根据家庭经济状况和男孩的合理需要统筹考虑。二是时间要适宜。零用钱可以选在一个有纪念意义的日子开始给，如小孩上学的第一天等，告诉男孩这笔钱的用处，并使他懂得自己在家庭中的地位和责任。三是零花钱的数额必须适合男孩的不同身心发展阶段和生活范围。

最后，让男孩从小体验到因没钱或钱不足而买不到自己迫不及待想要的东西而感到惋惜和无可奈何的情绪。这种情绪不仅使男孩进一步认识到金钱的价值和重要性，而且还能为追求更有价值的东西进行设计、策划，增长智慧。

父母不要成为男孩的取款机

俗话说：穷人的孩子早当家。这话一点不假。很多有建树的男孩从小都体谅父母的辛苦，从而养成自食其力的本领，凭着自己的努力有所作为。

因此，从小就要让男孩了解点家情，让他知道你在做什么样的工作，从而学会体谅大人持家的不易。现在的社会，仍有很多父母为生活打拼，艰苦地工作。有必要的话，父母可以带自己的男孩去看看自己的工作环境与工作情况，让男孩亲眼目睹你工作的辛苦与劳累，告诉男孩这样做一天可以赚多少钱，让男孩更懂得珍惜所拥有的一切。

有些父母尽管自身有许多生活艰辛和身体上的病痛，但他们总是在男孩面前竭力掩饰，错以为这是爱男孩，却不知是在害孩子。生活中有苦才有乐，家长不要刻意去掩饰生活的另一面，而应让男孩从小学会分担你的痛苦艰辛，理解生活的不易，长大后他才会珍惜眼前的生活，才会以真诚之心关爱别人。

有一个商人有两个儿子。父亲宠爱大儿子，想把自己的全部财产都留给他。但是母亲很可怜小儿子，她请求丈夫先不要宣布分财产的事。商人听从了妻子的劝告，暂时没有宣布分财产的决定。

有一天，母亲坐在窗前哭泣，一位过路人看见了，就走上前来，问她为什么哭得这么伤心。她说："我怎么能不伤心呢？我很疼爱两个儿子，可是我的丈夫却想把全部财产留给大儿子，小儿子什么也得不到。我请求丈夫先不要向儿子们宣布他的决定，但是我到现在也没有想出更好的办法。"过路人说："这个问题很容易解决。你只管让丈夫向两个儿子宣布，大儿子将得到全部财产，小儿子什么也得不到。以后他们将各得其所。"

小儿子一听说自己什么也得不到，就离开家到耶路撒冷谋生去了。他在那里学会了许多手艺，增长了知识。大儿子一直依赖父亲生活，父亲去世后，大儿子什么都不会干，最后把自己所有的财产都花光了。小儿子在外面学会了挣钱的本事，变成了富翁。

犹太父母通过这个故事告诉孩子：只有摆脱对父母的依赖，拥有智慧又能维持生计的人，他以后的人生才会走对路。

生活并不是一帆风顺的，作为家长，当遇到不如意的事情时，应该把实际情况讲给孩子听，让孩子明白生活的艰辛。让孩子和家长共同承担起家庭生活的艰辛。要通过活生生的事实告诉孩子，生活就是这样，它既会造就幸福，也会带来痛苦。我们生活在这个世界上，惟有直面人生，通过自己最大的努力，才能掌握命运。家长要教育孩子从小懂得这些，这才是对孩子最大的关心和爱护。

许多男孩一直过着饭来张口、衣来伸手的生活，只要有需要，就可以毫不费力地从父母处要到钱。因此，父母们千万不要当男孩的"自动取款机"。

"石油大王"约翰·戴维森·洛克菲勒，从小家教就很严，靠给父亲做"雇工"挣零花钱。他有一个专用于记账的小本子，把自己每天做的工作记下来，然后按小时与父亲结算。

洛克菲勒在做这些工作和记账的时候都非常认真，他觉得从中能得到无穷的趣味。更有意思的是，洛克菲勒的第二代、第三代乃至第四代，也都延续了这种"打工"挣钱的做法，一旦谁想不劳而获，就别想得到一分钱的费用。

洛克菲勒这样做并非家中贫困，也不是父母虐待孩子，只不过是延续了犹太教育中"要花钱，自己挣"的传统。那小账本上记载的何止是一笔流水账，而是孩子接受磨难和考验的经历！

在其他一些发达国家的家庭里，家长也都很注重孩子"独立赚钱"能力的培养。

在日本，许多学生利用课余时间在饭店洗碗、端盘子，在商店售货或照顾老人，做家教等赚取学费和零花钱。

在美国，七八岁的小孩就成了"小生意人"，出售他们的

"商品"挣钱零用。

孩子终有一天要长大，也终有一天要走向社会，如果不让这棵"温室的花朵"接受外界的风吹雨打，它如何才能茁壮成长？是时候了，当孩子下次向你要钱时，请毫不客气地告诉他：要花钱，自己挣！千万不要成为孩子的提款机。

让男孩通晓适者生存的法则

据说在日本的北部生存着一种狐狸，当母狐狸生下幼崽后，狐狸家庭的生活是充满温馨和幸福的。但当狐狸崽儿刚开始蹒跚学步时起，狐狸父母便迫不及待地教它们如何捕猎食物，再稍大一点后，狐狸父母便狠命地把小狐狸逐出家门。当怀恋家庭温暖的小狐狸又偷偷地回家时，狐狸父母便会毫不嘴软地咬他们的孩子，哪怕咬得鲜血淋漓，伤痕累累，也绝不容许它们返回家门。

狐狸们为什么这么做呢？看似无情无义的狐狸父母，实则是爱的极大表现。因为它们深知，小狐狸不可能靠大狐狸养一生，在自然界激烈的生存竞争中，只有学会高强的生存本领，长大后才会潇洒自如地生存下去，而高强的生存本领则只能无依无靠地从小锻炼起才能逐渐养成。

狐狸的教子方法无疑是很聪明的，大狐狸狠心地把小狐狸咬出家门，是为了锻炼小狐狸的生存能力。中国人常言"庭院里驯不出千里马"。为了孩子能成为千里马，家长千万别把"小马驹"圈在庭院里保守地"饲养"，而应该让他们冲出庭院。

在现代的家庭教育中，父母要让男孩们知道，他们面临的是一个处处充满竞争的社会，"物竞天择，适者生存"，"优胜劣汰"将是普遍现象，未经锻炼的翅膀难以搏击人生的风雨，难以在未来的竞争中取胜。

父母要认识到，想让男孩在竞争中立于不败之地，必须对男孩进行挫折教育，让他们自小接受艰难困苦的磨炼，教会他们敢于面对挫折，不怕失败，培养他们坚韧不拔的意志和毅力。

人的生活并非都是一帆风顺的，在我们的生命中总是充满着这样或那样的困难和问题。但是我们应该让男孩明白，在逆境中开放的花是更美的，让男孩相信：挫折和困难正是上天给予他们的试金石，它淘汰懦弱和无能者，坚强者更懂得人生，懂得如何去完善自己，也获得更多的经验和教训。

逆境能让男孩获得更好的成长机会。从一个人成长的一般规律看，顺境可以出人才，但是逆境、挫折的情境更容易磨砺意志，逆境也可出人才。

在逆境中经过挫折千锤百炼成长起来的人更具有生存力和更强的竞争力。因为，逆境中奋斗的人既有失败的教训又有成功的经验，更趋成熟；他们能把挫折看成一种财富，深谙只有失败才可能成功，成功是建立在失败的基础上的，因此更具有笑对挫折、迎难而上的风范。

当男孩可以直面挫折，保持用乐观的心态生活时，他们的精神、灵魂、美德都从这种愉悦的心情中得到滋润。著名的教育工作者孙云晓说："中国的父母正在辛辛苦苦地酝酿着孩子的悲剧命运，争分夺秒地制造着孩子的成长苦难。实际上，我们的父母在和自己作战，用自己的奋斗来击毁自己的目标。"

作为家长，诚然我们不希望看到这样的结果，那么应该怎样做才是正确的呢？

1. 做力所能及的事情，培养孩子动手的习惯

家长不可能照顾孩子们一辈子，因此从小就应该让他学做一些力所能及的事情，比如洗衣服，收拾文具，帮父母拖地、洗碗等。只有从小事做起，才能逐渐培养起独立自主的精神。

2. 给孩子犯错误的机会，锻炼孩子的自立能力

要避免对孩子过度的保护，我们首先应该充分尊重孩子的想法和意愿，放手让孩子自己拿主意，如果我们对孩子过度保护，因为怕孩子犯错，就一味地为他铺垫一切，事事领着孩子的手，那么他永远都不可能长大。

鲁迅先生曾说："子女是即我非我的人，但既已分立，也便是人类中的人。因为即我，所以更应该尽教育的义务，教给他们

自立的能力；因为非我，所以也应同时解放，全部为他们自己所有，成为一个独立的人。"

鲁迅先生的话正表达了这样一种观点——子女是我的孩子，又不完全等同于我，他与母体分开后就成了一个独立的人。因为还是我的孩子，作为父母就有教育他的义务，而这种教育主要是教给他自立的能力；因为他不等同于我，所以要解放孩子，使他们完全成为独立的人。

经过在逆境中千锤百炼成长起来的男孩才能更具生存竞争力，这也是父母应为男孩尽到的义务和责任。也只有懂得生存法则的男孩，将来才能独立于世，才能成长为生活的强者。

对男孩要严而有格，宽而有度

作为父母，对男孩既要严格教育，又要掌握好教育的度。

茅盾5岁那年，父母就商量应该给儿子进行早期的启蒙教育。

当时茅盾进的私塾学习气氛不好，父母担心他得不到严格训练，会养成不良习惯，便决定自己来教儿子。他们自己找了教材，还根据历史古书编成儿童易懂的歌曲教给孩子，或者是把晦涩的历史文献讲成一个个小故事，由母亲来讲给孩子听。这些早期的家庭教育，对茅盾形象思维的形成起到了重要的作用。

茅盾10岁那年父亲病逝，教导孩子的重任就落在了母亲一个人身上。母亲怕茅盾落下功课，便让茅盾拿课本来自己教他。有时候茅盾在学习上遇到了问题，母亲总是严加管教，毫无情面可言。

茅盾小学毕业，征求母亲的意见，是上师范院校呢，还是读自己喜欢的工科。虽然母亲独自一人艰辛地抚养着两个孩子，但她还是让茅盾上了工科。

虽然离开了家，但是母亲也没有放松对儿子的管教和关心，茅盾也经常把自己发表的作品或是和弟弟通的信寄回去给母亲看。

茅盾快结婚的时候，母亲担心他和目不识丁的未婚妻在一起没有共同的人生追求，就想帮他把婚事退了，但是茅盾害怕退婚给母亲添麻烦，就想把未婚妻娶过来，让母亲教她识字。于是第二年，母亲就为儿子办了婚事。

后来，在茅盾弟弟的教育问题上，母亲也体现出极大的严而有格，严而有度。茅盾的弟弟在工科学业即将结束的时候受新思想影响，响应革命的需求要东渡日本专心研究政治，但此时离他毕业只有短短的半年时间了。茅盾很反对弟弟的选择，但母亲看小儿子的去意已决，便同意了儿子的要求。

茅盾母亲在教育孩子的时候懂得宽严相济，既不一味地强求孩子服从自己的管教，也不纵容孩子不好的习惯，这点值得很多父母好好学习。

在我们现在的家庭中，一般情况下男孩和母亲在一起的时间大大多于和父亲相处的时间，母亲在男孩的早期家庭教育中扮演着很重要的角色。可是有的母亲爱子心切，常常过度地溺爱自己的孩子，往往是男孩主宰着家长的一切。

儿童教育学家和幼教工作者普遍认为：对孩子应当宽严相济。该严的时候严，父母才能在孩子面前树立起应有的威信；该宽的时候宽，孩子才能够不被束缚，收到良好的教育效果。父母应该怎样对男孩进行家庭教育呢？

1. 对男孩宽而有度

对于男孩无理的要求，父母要果断拒绝，比如孩子看到其他小朋友的汽车模型很漂亮，非要让父母也给他买一个；吃饭的时候看到自己喜欢吃的东西就拿到自己面前，不给其他人吃；吵着闹着非要在吃饭的时候吃冰激凌。家长只要答应了孩子无理的要求，就必然失去了自己的威信。

2. 对男孩严而有度

在父母管教过严的家庭环境下长大的孩子，往往性格懦弱、没有主见、遇事慌张。家长过度限制孩子的自由，处处指责，也会影响他们自身各方面能力的提高，限制孩子的发展。

3. 对男孩的严加管教要讲究方法

当孩子做错事情的时候，比如逃学、不交作业、打骂同学，父母千万不要一味地打骂孩子，粗鲁的管教方式往往只能收到适得其反的效果。

4. 男孩的人格独立平等

在良好的家庭环境中，家长和孩子的人格应保持平等，父母不应该因孩子年纪小而漠视他在家中的地位。平等是营造良好的家庭氛围的前提。父母、子女任何一方的优越感都会对其他家庭成员造成心理压力，使双方产生心理隔阂。

养育男孩：培养积极乐观的男孩

有句话说得好：积极的人像太阳，照到哪里哪里亮，消极的人像月亮，初一十五一个样。这句话鲜明地说出了心态积极者和心态消极者的巨大差别。

有的人无论走到哪里都给人轻松愉悦的感觉，是他由内而外的积极心态影响了周围的人。但是有的人却凡事都想到坏处，不看事物好的一面，甚至认为自己无力改变一切，因此消极、自卑。自卑的人总是觉得自己的人生是残缺的，毫无幸福可言。而积极、乐观、向上的人，他们的精神是富有的、幸福的，无论走到哪里都能感染到其他人，就像太阳般暖暖地照在人的身上。

人生是一场漫长的旅行，悲观的人只能感受到人生的漫长和煎熬，而乐观的人就能看到沿途优美的风景。"穷"养男孩，就要培养出一个乐观的心态。做到这一点父母可以从以下几方面入手。

1. 父母是孩子的榜样，要时刻注意自己的日常言行

父母的言行会影响孩子的男孩子的成长，或许就是一次有意无意的言行，让他懂得要在艰难困苦中走出，找到属于自己的光明未来。孩子的成长过程中难免会遇到困难和挫折，这个时候做母亲的更不能袖手旁观，要给孩子一个积极引导，让他们看到方向，看到希望。

2. 给孩子希望的父母，首先自己要看到希望

父母是孩子心中的灯塔，首先要懂得孩子是自己的希望。只有看到希望的父母，才能在家教的过程中给予子女希望。幸福不是回忆过去，而是憧憬未来，在遇到困难的时候往好的方面想的人，才能真正走出困境，而父母的责任，就是让孩子拥有一颗充满希望的、乐观的心灵。

3. 无论何时何地，父母都应让男孩充满希望

比如，他偶然在一次考试中失败，这个时候父母要理解孩子的感受，把他从失落的痛苦中拯救出来。我们也可以让孩子知

道："塞翁失马，焉知非福。"用我们温暖的言语让孩子懂得，一次的失败也许并不是什么坏的事情，考试的目的就是为了查漏补缺，好好总结失败的教训，这样就为以后的中高考增加了获胜的概率。

4. 让孩子学会认识自己、肯定自己

乐观的孩子懂得在生活中肯定自己，男孩只有找到自己值得肯定的地方，用自信驱走那些悲观，那些遗憾，他就可以快乐地面对这个世界。因此父母应该引导孩子看到自己的长处和价值。美国的赫里丝女士，发起了一个叫作蓝色缎带的运动，希望能在2000年的时候每一个美国人都能拿到一条漂亮的蓝色缎带，上面写的话语就是"我可以为这个世界创造一些价值"。她到处散发这样的缎带，鼓励大家把缎带送给家人和朋友，谢谢这些在我们四周的人。她也四处演讲，强调每个人的价值。结果因为这些缎带的传送，改变了许多人的命运。所以，父母应该积极鼓励孩子找到自己的价值所在，发挥他们的长处，积极乐观地应对生活的挑战。

5. 让孩子始终微笑着面对生活

生活中，男孩周围的人可能不喜欢他，自己努力做好了每一件事，但没有赢得老师和同学的赞扬，而更为普遍的是对自己学习成绩不理想进行抱怨……这个时候，男孩们就会产生深深的挫败感，他们的心情也会极其糟糕。一个人在心理状况最糟糕的

时候，不是走向崩溃就是走向希望和光明。有的男孩之所以有不如意的遭遇，多半是因为他们选择了逃避，但逃避解决不了任何问题。如果他们能够善待自己、接纳自己，并不断克服自身的缺陷，克服逃避心理，克服一个又一个困难，那么他们就能坦然乐观地面对生活，微笑着面对每一天，这样才有可能拥有更加完美的人生。

第十章

乐观的男孩才能自立于世

人生的道路都是由心来描绘的。所以,无论自己处于多么严酷的境遇之中,心头都不应为悲观的思想所萦绕。

——日本　稻盛和夫

培养做事有主见的男孩

有一名中文系的学生苦心撰写了一篇小说,请作家批评。因为作家正患眼疾,学生便将作品读给作家听。读到最后一个字,学生停顿下来,作家问道:"结束了吗?"听语气似乎意犹未尽,渴望下文。这一追问,煽起学生的激情,立刻灵感喷发,马上续道:"没有啊，下部分更精彩。"他以自己都难以置信的构思叙述下去。

到一个段落，作家又似乎难以割舍地问："结束了吗？"

小说一定摄魂勾魄，叫人欲罢不能！学生更兴奋、更激昂、更富于创作激情。他不可遏止地一而再再而三地接续、接续……最后，电话铃声骤然响起，打断了学生的思绪。

电话找作家，急事，作家匆匆准备出门。"那么，没读完的小说呢？""其实你的小说早该收笔，在我第一次询问你是否结束的时候，就应该结束。何必画蛇添足、狗尾续貂？该停则止，看来，你还没把握情节脉络，尤其是缺少决断。决断是当作家的根本，否则绵延逶迤，拖泥带水，如何打动读者？"

学生追悔莫及，自认性格过于受外界左右，作品难以把握，恐不是当作家的料。

很久以后，这名年轻人遇到另一位作家，羞愧地谈及往事，谁知作家惊呼："你的反应如此迅捷、思维如此敏锐、编造故事的能力如此强盛，这些正是成为作家的天赋呀！假如正确运用，作品一定脱颖而出。"

"横看成岭侧成峰，远近高低各不同"。凡事都难有统一定论，谁的"意见"都可以参考，但永不可代替自己的"主见"，不要被他人的论断束缚了自己前进的步伐。一个遇事没有主见的人，就像墙头草随风倒，没有自己的原则和立场，不知道自己能干什么，会干什么，自然无法迈向成熟。

看了上面的这个小故事，我们一定有很深的感触，一个人不能没有自己的主见，或自己虽有考虑，如果常屈从于他人的看法而改变自己的想法，人云亦云，随波逐流，一味讨好和迎合别人，就迷失了自己。

从家教的角度上讲也是如此，如果我们的男孩整天活在别人的阴影里，太在乎他人的看法，太在乎他人的眼神，太在乎周围人对自己的态度，活在别人的判断里，这样的男孩，日久难免会陷入随波逐流、一味依赖的境地，失去自己的"主心骨"，这样的男孩，注定不会具有独立的人格。

作为父母，如何让自己的男孩在人群中独树一帜，在激烈的竞争中胜出呢？家长不妨从这样的细节开始：

1. 不拿男孩与别人比较

生活中不必常在孩子面前夸别的孩子如何如何。像"你看某某做得多好"，"你看某某穿的衣服多好看"等。这很容易使孩子怀疑自己的力量，对自己失去信心，从而导致孩子要向别人看齐，无形中加重了孩子的从众心理。

2. 让男孩相信自己的力量

父母要创造条件，使孩子有充分表现自己的机会；孩子的事情让他自己做，对他做的事情，要给予充分的肯定，增强他对自己的认识，从而相信自己的力量。

3. 让男孩自己选择

"选哪个呢？""那个好吗？挑你自己喜欢的吧！"在餐厅点菜、买衣服、买鞋帽时，让孩子从小就有发言和选择的机会。母亲不要一味地把自己的意志强加给孩子，否则孩子会逐渐失去自己的主见。

4. 锻炼男孩的表述能力

谈一些有关书籍和电视的话题，引导男孩把看到的内容有条理地讲出来，家长在旁边静静地倾听。这有助于他们训练思维的逻辑性和条理性。

5. 承认男孩的主张并予以赞扬

孩子说出自己的想法时，家长要认真地听，见解正确时要给予承认并及时表扬。老是抑制男孩的思维，不让孩子的意见得到伸展，孩子就再也不会提出什么主张了。

6. 鼓励男孩在团体活动中争当领导

让男孩多参加团体活动及户外娱乐，鼓励孩子担任团体领导，锻炼孩子的组织能力和统筹能力。

特别要讲的一点是，要真正培养男孩的自主性，让其拥有自己的主见，家长自身必须是一个很有"主心骨"的人。如若家长本身就是一个缺乏主见，处处在乎别人指指点点的人，又怎么能指望他培养出具有独立人格和"主心骨"的男孩呢？

让男孩觉得自己被重视

让男孩觉得自己被重视、被需要，这种暗示会产生非同一般的明显效果。

作家萧伯纳在他90岁寿辰时曾说过：

要记住，我们的行为不是受经验的影响，而是受期待的影响。

这种期待心理，浅显的理解便是"心理暗示"。心理学家告诉我们：父母若以正面的信念期望男孩能成为什么，将来男孩就会成为什么。

父母对男孩的期待与评价经常会在言语及日常生活中有意无意地显现出来。积极正面的期待会使男孩感受到爱与支持，从而充满自信，生气蓬勃；相反的，负面的、消极的评价会使男孩失去信心与发展机会。

特别是男孩对自己失去信心，常常怀疑自己能力的时候，如果得到的心理暗示是积极的，他就会增强自信心，反之就会更加自卑。有的家长经常骂自己的男孩"笨蛋""狗屁不是"，那么当这个男孩遇到困难的时候就会想起这句话，从而怀疑自己，破罐子破摔了。如果听到的是鼓励和表扬，他自己就会相信我能行，就能够不断克服困难，取得胜利。

作为父母要一定要让孩子感受得到自己的重要，感受到自己是被足够重视的足够被需要的。因此，不妨和男孩推心置腹地了聊聊各自的心事。这样，既能增进亲子关系，又能打开男孩的心扉，进而让孩子更加信任你。

据世界卫生组织公布的一次研究成果表明，平均每天能与父亲共处两个小时以上的男孩，要比其他男孩智商高。父母和男孩能够顺利地交流思想，对于相互之间保持良好关系非常重要。但即便是沟通，倘若不能掌握一定的技巧，那沟通也起不到什么作用。

很多家长都会遇到类似的情形：有时，家长拖着疲惫的身体，努力地打起精神，准备和男孩好好沟通沟通，但不是被男孩三言两语打发了，不但不能达到了解男孩的目的，还惹了一肚子气。所以，做父母的要学会与男孩交谈的技巧。

1. 理解男孩比疼他更重要

多与男孩谈心，交流思想。这样可以及时了解男孩的思想状况，把握男孩的心理，也让男孩理解你对他的关心和爱护。这样能够促进男孩与父母之间的感情，使男孩对你产生信任感，也有利于男孩的健康成长。

父母要尽量从繁忙的工作中抽出时间来陪男孩一起玩，例如一起看电视或一同骑车到某处游玩，培养朋友般的"友谊"。如果男孩把父母当作自己的朋友了，就乐于把心里话讲给父母听，因代沟而产生的沟通障碍也就消失了。

2. 父母要抛却死脑筋，接受新思想

男孩不仅对社会上新的现象、新的事物接受快，还能够紧跟时代步伐。父母如果不能紧跟时代步伐，就会与男孩在思想上、行动上产生距离，不利于跟男孩沟通。

父母只有经常主动与男孩交流一些当前流行的一些物品、观点主张等，主动学习一些男孩感兴趣的东西，才能让双方在一起时有共同语言和谈话内容。只有这样才能有效地避免两代人之间无话可谈的尴尬。

3. 父母要主动引出话题，打开男孩的话匣子

男孩在外面有了不愉快的事，往往难以开口和家长谈起，家长应主动和男孩谈话。当然，你得问一些非常特殊的问题，使得沉默不语的男孩开口。你最好不要问："今天在学校做什么？"因为男孩的答复可能就是短短的一句话："没有什么。"你要改问一些更特别的事情"下课时，和谁玩"，或者"最近的美工课，你们做哪些东西"这样的问题，比较容易引男孩打开话匣子。但是，如果男孩不愿意马上谈，也不要逼迫，退一步告诉

男孩"好吧，什么时候告诉我都行"，让男孩知道你什么时候都可以听他谈。

对于比较内向的男孩，需要更长时间的启发，可以给他讲一个类似情况的故事，引起男孩的共鸣；也可以搂着他静静地坐着，他最终会忍不住和父母交谈。

4. 避免粗暴尖刻的言语

现实生活中，很多父母常常不注意就挫伤了男孩的自尊，如："你看看人家邻居的男孩，学习多好啊，你怎么就这么笨呢？""你和你爸爸一样，都是没出息的东西。""你真笨，连这样简单的问题都不会。"

这些言语会严重挫伤男孩的自尊、自信。最可怕的是它还将影响男孩的一生，使他们长大以后心理有缺陷。

不容忽视的忧郁男孩

现代社会生活节奏快，无论大人还是孩子都感觉到无形的压力。大人们为重读奔波，孩子们为学业苦恼。因而，越来越多的人饱受忧郁综合症的困扰。

忧郁，其实是抑郁的代名词，忧郁症也叫抑郁症、抑郁性障碍，是由各种原因引起的以抑郁为主要症状的一组心境障碍或情感性障碍。在抑郁症患者中，约有10%～15%的人面临自杀的危险。因此，一旦发现孩子有忧郁症状，家长们绝不能忽视。

文海今年才15岁，担任学生委员。由于平时学习的压力大，再加性格内向，很少有真正交心的朋友，文海这几年来有一种难以言状的苦闷与忧郁感，但又说不出什么原因，总是感到很迷茫，一切都不顺心。

即使遇到喜事，他也毫无喜悦的心情。过去常常回家后和父母去看电影、听音乐，但后来就感到一切索然无味。

他深知自己如此长期忧郁愁苦会伤害身体，并且影响家人心情，但又苦于无法解脱，而且还导致睡眠不好、多噩梦及胃口不开。有时他感到很悲观，甚至想一死了之，但对人生还有留恋，有很多放不下的东西，因而下不了决心。

他的父母知道他的忧郁心理比较严重，总是想方设法讨他欢心，经常和他谈心，陪他听音乐，给他讲一些幽默笑话……可是没什么效果。很容易因为天气的变化而伤感，太阳好的时候他总是怕变阴天，阴天的时候总是怕太阳不出来。

同学们见他总是这么的多愁善感，他还写一些很忧郁的文章来表达他的心情。于是送给了他一个绰号，"忧郁诗人"。

不少人都认为忧郁是一种高贵的精神品性，是一个良知者应有的文化基调，故在美学和哲学上都具有不可低估的意义与价值。从美学上看，忧郁情结同浪漫的悲剧感休戚相关。

教育家朱光潜说："浪漫主义作家突出的特点之一是热衷于忧郁的情调，叔本华和尼采的悲观哲学可以说就是为这种倾向解说和辩护。"

他在《悲剧心理学》中系统阐释了忧郁的美学意味，并令人信服地论证了它的合理性："忧郁是一般诗中占主要成份的情调"，"在忧郁情调当中有一种令人愉快的意味。这种意味使他们自觉高贵而且优越，并为他们显出生活的阴暗面中一种神秘的光彩。于是，他们得以化失败为胜利，把忧郁当成一种崇拜对象。"

但是忧郁这种气质在心理学上是一种病态心理，也就是人们常说的抑郁症。很显然，故事中的文海是被抑郁"缠上了"。

抑郁心理是以心境低落为主，与处境不相称，可以从闷闷不乐到悲痛欲绝，甚至发生木僵。期间常常伴有厌恶、痛苦、羞愧、自卑等情绪。严重者可出现幻觉、妄想等精神病症状。对大多数人来说，抑郁只是偶尔出现，历时很短，时过境迁，很快就会消失。但对有些人来说，则会经常地、迅速地陷入抑郁的状态而不能自拔。

然而，在多数人眼中，抑郁仿佛永远在他处，与己无关。

事实并非如此，据世界卫生组织估计，几乎每30个人当中，就有一个人正经受着抑郁症的困扰，每15个人当中，就有一个曾经面对过这种疾患，并且男性比女性更容易患上抑郁症，其概率为2：1，并且抑郁症还具有一定的遗传性。

但没有重大事件的刺激，孩子和父母一般不会同时患上抑郁症。所以即使自己患有抑郁症，也不必忧心忡忡，避免孩子遭受不必要的打击，让孩子远离抑郁症。

抑郁症危害也比较严重，一旦被抑郁缠身，便会很难挣脱，有的甚至抑郁情绪反复发作，时好时坏。并且六成以上的抑郁症患者有过自杀的想法或行为，15％的抑郁病人最终会选择自杀。

现代医学认为抑郁症发病一般不是单方面因素引起的，而是遗传、体质因素、神经发育和社会心理等因素共同作用的结果。家族病史；婴幼儿期没有得到足够的爱；突发灾难；长期精神压抑等，都是致病因素。

所以在养育男孩的过程中，要注意孩子的心情，一旦发现孩子有抑郁的心理，要根据抑郁形成的原因，及时解除孩子身上的抑郁魔咒。让孩子保持一种快乐的心态去生活。

培养富有幽默感的男孩

一个具有极强幽默感的人，必具有强大的人格魅力，因为他总能强烈地感受到自己力量的存在，所以能够从容地应对各种尴尬困苦的窘境。英国首相温斯顿·丘吉尔就是这样的人。

丘吉尔不仅是一位声名卓著的政治家、军事家，而且也是一位机敏睿智的幽默大师。他思维敏捷，语言机智，常常用幽默的语言化被动为主动，捍卫自己和国家的尊严。

有一次，萧伯纳为庆贺自己的新剧本演出，特发电报邀请丘吉尔看戏："今特为阁下预留戏票数张，敬请光临指教。并欢迎你带友人来——如果你还有朋友的话。"

丘吉尔看到后立即复电："本人因故不能参加首场公演，拟参加第二场公演——如果你的剧本能公演两场的话。"

丘吉尔善用幽默的特点由此可见一斑。

不仅在生活中如此，即便是在政治上，丘吉尔也能够将这种智慧应用自如。

丘吉尔有一个习惯，一天之中无论什么时候，只要一停止工作就爬进热气腾腾的浴缸中去洗澡，然后裸着身体在浴室里来回踱步，以事休息。

"二战"期间，一次，丘吉尔来到白宫，要求美国给予军事援助。当他正在白宫的浴室里光着身子踱步时，有人敲浴室的门。"进来吧，进来吧。"他大声喊道。门一打开，出现在门口的是罗斯福。

他看到丘吉尔一丝不挂，便转身想退出去。"进来吧，总统先生。"丘吉尔伸出双臂，大声呼喊，"大不列颠的首相是没有什么东西需要对美国总统隐瞒的。"看到此景的罗斯福会心一笑，也被丘吉尔的机智幽默所折服。

就是通过这样直白坦率而又幽默的方式，丘吉尔最终赢得了美国总统的信任，让美国和英国结成了同盟，从而帮助自己的国家走出了困境。丘吉尔的幽默是一种智慧，更是一种胸襟和力量。他曾经两次当选上英国首相，被认为是20世纪最重要的政治领袖之一。

幽默的语言往往给人以诙谐的情趣，又使人在笑意中有所领悟，因而幽默往往是缓解紧张、祛除畏惧、平息愤怒的最好方法。男孩子需要从小学习这种智慧，长大后才能在社交中游刃有余。

一个省议员有一次参加会议，主席台上某领导在做一篇很漫长的演讲，他觉得对方占用的时间太长，就走到对方跟前低声说："先生，请你能不能快点……"话未说完，那个正在演讲的议员便回过头来，用严厉的口气低声呵斥他道："你最好出去。"然后仍旧继续其演讲。

这个省议员觉得受到了别人的侮辱，他顿时怒气冲天。他迫不及待地想报复，但一时又找不到什么方法。于是他就去当时任麻省省议员的主席柯立芝那里申诉："柯立芝先生，你听见某某刚刚对我说的话了吗？""听见了，"柯立芝不动声色地答着，"但是，我已经看过了有关的法律条文，你不必出去。"

这种回答实在是太聪明了。柯立芝把那位议员的愤怒当成了玩笑。他不让自己卷入这种儿童式的争吵的漩涡中去，就是因为他能看出这种无聊的争吵的幽默之处。

因此，父母要让自己的孩子明白：机智的人不仅善于以局外者的身份化解他人的争吵，而且更善于化解在与人交往时因发生矛盾而出现的僵局。

弗洛伊德说：

最幽默的人，是最能适应的人。

在生活中孩子也会面临许多尴尬的时刻，在那一瞬间，他们的尊严被人有意或无意冒犯，或者被喜欢恶作剧者当众将了一军。此时，孩子们就会感到自己丢尽了脸面，无地自容。如果能从容自若地谈笑如故，就会幽默地将伤自己脸面的难局一一化解。

男孩长大后还会面临求学、工作、住房、购物等方面的问题，往往要与人交涉。男孩学会在交往中适时地表现些幽默，他们做事情成功几率一定会大大增强。

父母要学会掌握幽默这种智慧。在生活和教育孩子的过程中，总会遭遇无数的痛苦、悲伤以及困苦，如果你善于运用幽默的力量，能够主动地去创造幽默，那生活一定会充满了欢笑。孩子也能在一种愉悦的氛围中健康成长，与此同时孩子也能从父母身上学到这种处世的智慧，在面对别人的一些不适当的言行，处处针锋相对，也会运用幽默的力量，打破紧张的局面，使自己和对方各种各样不愉快的心情，顷刻间烟消云散，从而幽默也能净化他们的心灵。

养育男孩：正确引导男孩的暴力倾向

阳阳是幼儿园里的一个小朋友，他最大的理想就是当一名警察。

班上有一个小朋友长得高大结实，有点小霸道。阳阳想，一对一肯定打不过，就和幼儿园里的几个小朋友一起去"围攻"他。

不过，阳阳有时候表现得过于爱和人打闹，晚上爸爸下班回来，阳阳总会扮演奥特曼，让爸爸扮演怪兽，然后"奥特曼"把"怪兽"打败了。每每看到阳阳玩得开心，爸爸心里也有些许的担忧，儿子会不会有暴力倾向呢？

对于2~3岁的男孩来说，攻击性的行为常常是没有任何理由的。好动好斗是男孩的本性，他会用一种玩的心态试探自己的行为能力。

不过家长要对自己的男孩提高警惕，随便打人可就不对了，如果发现男孩在外面和人打架，家长一定要及时了解原因，并进行教育和引导。

再有就是男孩的年龄过小，并不适合给他看奥特曼之类题材的影片。因为他们不会真正理解影片的主题，只会对那些充满暴力的打斗动作产生兴趣。还有男孩会以游戏的名义和父母打打闹闹，没有分寸，形成习惯之后，男孩就会经常和周围的人大动拳脚。

如果男孩出现了这种暴力的倾向，父母首先要做到自己不能打孩子，如果父母动手打孩子，恰是向孩子表明了攻击是解决冲突的方法。那么面对孩子的暴力倾向，父母应该怎么做最合适呢？

1. 首先要保持冷静。如果父母情绪失控出现了过激的语言或行为，就会对男孩起反作用。

2. 向孩子表明你的意见。如果家长亲眼看到了自己的男孩打了别的小朋友，要立刻过去关心一下被打的小朋友。

有位妈妈在亲眼看到自己的男孩打了别的小朋友之后，就会过去先问一下这个小朋友痛不痛，再对自己男孩说："你打了这位小朋友，他的胳膊现在很疼。如果有别人打你，把你的胳膊打疼了，你会不会难受呢？"男孩低下头不说话了。接下来，这个妈妈又问："什么问题不可以和气地解决吗？今天你打了他，不仅这个小朋友感到疼，他的妈妈知道了也会很心疼，对吗？"通过母亲这样的引导，男孩最终认识到自己的行为是不妥的。

3. 分析男孩打人的原因，认可他的感受。有的时候，男孩暴力的原因就是为了得到自己想要的玩具。父母可以平静地对孩子讲道理："我知道你想要那个玩具，但是我们不应该打人，对吗？"不需要讲太长的道理，男孩都可以接受。

4. 教会男孩用语言表达自己的渴望。男孩天性就是不擅言辞，他们有时会不知如何表达出他想要一个东西，就会直接采取行动，这也是男孩暴力倾向的一个原因。作为家长，可以给男孩提供一个替代攻击的方法，告诉男孩：如果下一次遇到同样的情况，不可以打小朋友，而是去跟他说"让我玩玩你的玩具"。

5. 对男孩积极的行为提出表扬。如果男孩表现比以往有了进步，家长应该及时给予表扬："这次没有打人，表现真棒！"得到表扬之后的男孩将表现得更加出色。

6. 在游戏中引导男孩。几乎所有的男孩都喜欢玩打仗游戏，因为他们盼望自己是一个真正的男子汉。对于男孩的游戏，家长千万不要感到头疼，更不可以给孩子的游戏拆台，而是要在他们的游戏中赋予道德的内容，比如提示他们玩在地震中救人的游戏，或者扮演医生救助伤病员。男孩可以在游戏中感受到道德的力量，同时也树立了保护弱者的意识。

第十一章

美德是男孩的二重身份

把美德、善行传给你的孩子们，而不是留下财富，只有这样才能给他们带来幸福——这是我的经验之谈。

——德国　贝多芬

教男孩谨记百善孝为先

在一座村庄之外，有三个妈妈在井边打水。在水井边坐着一位白发苍苍的老人。

她们闲聊的时候，一个妈妈对另一个妈妈说道："我的儿子很聪明机灵，力气又大，同学之中谁也比不上他。"

另一个妈妈说："我的儿子擅长唱歌，歌声像夜莺一样悦耳，谁也没有他这样好的歌喉。"

第三个妈妈看着自己的水桶默不做声。

"你为什么不谈谈自己的儿子呢？"两个邻居问她。

"有什么好说的呢？"她叹口气说，"我儿子什么特长也没有！"

说完话，她们都装满水桶，提着走了。老人也跟着她们走去。水桶很重，她们走得很慢，不时地停下来休息一下。

这时，迎面跑来三个放学的男孩，一个孩子翻着跟头，他母亲露出欣赏的神色。另一个孩子像夜莺一般欢唱着，几个母亲都凝神倾听起来。第三个孩子跑到母亲跟前，从她手里接过两只沉重的水桶，提着走了。

妇女们问老人道：

"老人家，怎么样？你看看我们的儿子怎么样？"

"哦，他们在哪儿呢？"老人回答道，"我只看到一个提着水桶的儿子啊！"

第三位母亲感叹自己的儿子没有特长，可是她忘记了，孝敬父母就是最大的特长。只有孝敬父母的孩子才会懂得感恩，才会懂得去关爱他人。孝敬的人在人际交往中更容易赢得他人的信赖。所以，父母在养育孩子的过程中要让孩子首先懂得孝敬，这是他们人生中最大的美德资本。

然而，现在的很多家庭中的孩子却不懂得感恩，认为父母所做的一切都是理所当然。家长们动辄"宝贝宝贝"地叫着，恨不得为孩子做一切。在这样的教育下，孩子很容易养成好吃懒做、娇气任性，更会导致其缺乏责任心、感恩心。这样的孩子就缺乏危机意识，当真正的困难来临的时候，他们会被彻底打败。

同时，父母要让孩子明白，父母也可能做错事情，有时候不理解他们，但是父母这样做是无心的，本心不想去伤害孩子。这个时候孩子要主动去和父母沟通，了解父母的想法，站在父母的角度上思考问题，就会原谅父母的所作所为。

家是由爸爸、妈妈和孩子共同组成的，每个人都是这个家必不可少的一部分，就像太阳、月亮和星星一样，这才是吉祥三宝，缺了谁都不行。

一个和睦的家庭不仅需要对彼此的爱，还要承担起对彼此的责任。家庭是一个可以借以躲避风雨的港口，但是港口也需要用心经营和呵护，这样才能挡风遮雨。

在这个平静的港湾中生活，一个孝敬的男孩也应该为这个温暖的家出一份力量。在家庭中，爸爸妈妈平时为各自的工作忙忙碌碌，会在无意中忽视了对家庭的照顾。作为家中的男子汉，也应该有担当，为家庭的和美出一份力。

生活中常有这样的事例：有的夫妇对待老人非常苛刻，平时也不给老人好脸色。甚至吃饭的时候都不让父母跟他们坐在一桌。更有甚者，夺了父母住的房屋，将父母赶到仓房里睡觉。这样的例子不胜枚举，不禁让人感到痛心。事实上，在孝顺这方面，父母往往是孩子最直接、最好的老师。父母如何对待家中的老人将直接影响到自己的孩子交待怎样对待自己。

当孩子看到父母为家里老人端茶送水、呵护备至的时候，必会效仿父母的行为。在父母劳累一天归来的时候，献上一杯热茶；在父母身体不舒服的时候，照顾他们；在学习之余帮助父母打扫环境卫生。

孩子在家中孝敬父母，在外边才会去关心他人，才会在将来的社会竞争中勇于担当。同时，孩子的孝心也会感染周围的人，无形中传递爱的力量。这样，他就会收获更多爱的回馈，生活必能幸福长久。

给男孩竖起忠诚的旗帜

忠诚二字体现了中国传统道德和中华民族人格的要义。从古至今，我们区分人格高下的一个重要标准就是看其是否具备忠诚的品格。男孩若能拥有忠诚的品质，就能赢得人们的敬重和信任，这是多少金钱都无法换取的。所以父母在培养男孩的时候，要重视对他们的忠诚教育。

忠诚有时意味着牺牲，一个品性忠诚的男孩不会因为个人利益而背叛自己的忠诚。"二战"时期一位叫路易的法国农民用自己的行为很好地证实了这一点。

路易是巴黎近郊的一位农民，一家五口人过着虽然清贫却快乐的生活。

经过多年的辛勤工作和清苦生活，路易终于攒钱买下了他们已经居住十来年的小农舍。在把这幢小房子买下来的那一天，全家举行了一次小小的宴会庆祝了一番。

不久，爆发了第二次世界大战。路易应召加入了军队，并成为一名技术精湛的炮手。

路易的村子很快陷入敌手，村民们都随着逃难的人群远走他乡。法国人的一支炮兵部队依然占据着河对岸的高地，路易就在其中。

一个冬日，他正在一门大炮前当班。一位名叫诺艾尔的将军走了过来，用望远镜仔细瞭望河对岸的小村。

"喂，炮手！"将军没有回头，威严地说，"看到左边那所小农舍了吗？就在丛林后面。"

路易的脸色煞白："我看到了，将军。"

"这是德国人的一个住宿地。伙计，给它一炮。"

炮手的脸色更加惨白，前额上滴下了大粒汗珠。路易服从了命令，仔细地瞄准目标开了一炮。

"干得棒，我的战士！真不赖！"将军微笑地看着炮手，不禁喝起彩来，"这农舍看来不太结实，它全垮了！"

可是，将军吃了一惊，他看到路易的脸颊上流下了两行热泪。

"你怎么了，炮手？"将军不解地问。

"请您原谅，将军，"路易用低沉的喉音说，"这是我的农舍，在这世界上，它是我家仅有的一点财产。"

每一个忠诚的人都应当像路易一样，当国家利益与个人利益发生冲突时，为了国家利益毫不犹豫地放弃个人利益。父母要告诉孩子也不能因为自己的利益而抛弃自己的团体，不能因为自己的利益而损害朋友的利益。

身为父母，一定在从小培养男孩的忠诚意识，让其内心有一种使命感。一个忠诚于自己内心使命的男孩无论在什么情况下都不会轻易放弃自己的职责，更不会背叛自己的组织，也不会背叛自己的内心和目标。

在一个雪天的傍晚，莫里斯少校匆忙地走在回家的路上。路过公园时，他被一个人拦住了。"先生，打扰一下，请问您是一位军人吗？"这个人看起来很着急。

"是的，我是，能为您做些什么吗？"莫里斯停下来问道。"是这样的，我刚才经过公园门口时，看到一个孩子在哭，我问他为什么不回家，他说他是士兵，在站岗，没有接到命令他不能离开这里。谁知和他一起玩儿的那些孩子都不见了，估计都回家了。看来只能请您帮忙了。"

莫里斯心里一震，说："好的，我马上就过去。"

莫里斯来到公园门口，看见小男孩在哭泣，就走了过去，敬了一个军礼，然后说：

"下士先生，我是莫里斯少校，你站在这里干什么？"

"报告少校先生，我在站岗。"小男孩停止了哭泣，回答说。

"雪下得这么大，天又这么黑，公园门也要关了，你为什么不回家？"莫里斯问。

"报告少校先生，这是我的责任，我不能离开这里，因为我还没有接到命令。"小男孩回答。

"那好，我是中士，我命令你现在就回家。"

"是，少校先生。"小男孩高兴极了，还向莫里斯回敬了一个不太标准的军礼。

小男孩的举动深深打动了莫里斯，他的倔强和坚持看起来似乎有些幼稚，但这个孩子所体现的对使命的信守和忠诚却是很多成年人都无法做到的。

使命感是一种强大的动力。忠于内心的使命感的男孩，就会拥有无穷的动力去战胜困难，走向胜利。所以父母要培养男孩忠诚的精神品质。

那么，对于孩子忠诚品质的培养，父母要怎么做呢？

1. 要孩子明白：真正的忠诚不是愚忠，而是要明辨是非，是要有原则地服从，而不是盲目听从他人的指挥。

2. 在日常中要忠实于自己的计划和梦想，不要轻易放弃或者背叛。

3. 忠诚的孩子，忠实于真理，不会因为权威的阻挠而放弃对知识和真理的追求。

宽容的男孩能成大器

一位哲人曾经说过，错误在所难免，宽恕就是神圣。宽容和忍让能够换来最甜蜜的结果。一个人经历过一次忍让，他的心胸就会宽阔一些。多一分宽容，就会多一个朋友，少一个敌人。忍让和宽容不是懦弱和怕事，而是关怀和体谅，以己度人，推己及人，和睦相处。

"以恨对恨，恨永远存在；以爱对恨，恨自然就会消失。"面对别人的伤害，我们要以德报怨，时刻提醒自己，让伤害到自己这里为止。如果孩子能不计前嫌，学会宽容，就会赢得朋友，成就自己。

明末清初，苏州经历了一场罕见的大瘟疫，死人不计其数。当时的苏州府为了制止瘟疫流行，组织了医局，请当地名医轮流坐诊，为前来求医的人治病。

有一天，一个差役来到医局。他全身浮肿，皮肤呈黄白色。名医薛雪为他切脉检查后，认为他已病到晚期，没治了，叫他回去"料理后事"。差役哭丧着脸出了医局大门，正巧碰上来接班的名医叶天士，叶天士重新为差役诊视一遍，发现差役的病是由于长期使用一种有毒的驱蚊香而引起的。于是，他给差役开了一副解毒药。差役服后，不久便痊愈了。

很快，这件事传到了薛雪的耳朵里。薛雪觉得叶天士是有意贬低别人，抬高自己。两人同住在一条街，名声本不相上下，经常有好事者拿他俩比高低，故此早有嫌隙。薛雪越想越怒，一气之下，将自己的住宅起名为"扫叶庄"。叶天士闻讯后，也不示弱，把自己的书房更名为"踏雪斋"。从此两人不相往来。

几年后，叶天士80多岁的母亲病了。按病情应服"白虎汤"，但叶天士因担心药力太猛，母亲年老体弱经受不起，所以不敢使用，只是开了几剂药力较缓的药给母亲服用，结果病情总不见好转。

薛雪听说此事后，从侧面了解到叶母的病情，便对别人说："此病非用'白虎汤'不可。只要对症下药，药力猛一点怕什么？"有人把这话传给了叶天士。叶天士虚心采纳了这个意见，给母亲服用了"白虎汤"，病果然好了。为此叶天士登门致谢，薛雪说："医者，贵在救人也，岂可以计私怨乎？"于是二人从此结为好友。

宽容不仅是容忍他人的小错误，还包括为人豁达，不计前嫌，以礼待人等。父母要从小让孩子懂得"不计前嫌，以礼待人"是一种难得可贵的精神，更是一个人品德高尚的表现。

在家庭教育中，要培养孩子的宽容品性，父母们应该做到以下几点：

1. 父母要起表率作用

如果你希望自己的孩子学会宽容，你首先应该具有宽容的品质和开阔的心胸。如果父母本人总是无视他人意见，心胸狭窄，对别人总是要求苛刻，为一点小事争执不休，为一点小利斤斤计较，习惯于将自己的意志强加于人，而不给别人改正的机会，孩子又怎么能学会宽容呢？孩子是父母的影子，父母有一颗宽容之心，宽容的品质才会再现在孩子身上。

2. 家长要引导孩子设身处地为别人着想

家长要让孩子明白一个道理：人人都有缺点和不足，在和同伴相处的过程中，没有必要求全责备，只要不是特别过分，就应该对他人予以理解和宽容。家长应该多让孩子和小伙伴们交往，其实，宽容之心只有在交往活动中才能培养起来。

3. 让孩子亲近大自然

大自然是一本永远也读不完的最生动的教科书。很多学者都曾经说过，大自然的博大与雄浑可以使人心胸开阔，性格开朗，心情愉悦，进而使人产生宽容之心。因此，家长应该多带孩子亲近大自然，让奔腾的河流、浩瀚的大海、秀丽的湖光山色陶冶孩子的心灵，开阔孩子的视野和胸襟。

4. 让孩子学会换位思考

让孩子学会从别人的角度考虑问题，并且承认对方有表达自己看法的权利。那么，你不仅可以了解别人，赢得友谊，而且，会与别人很好地沟通。

5. 鼓励孩子接纳新事物

其实，作为一种处世原则，宽容不仅体现在对"人"的态度上，也体现在对"事"对"物"的态度上。我们这个社会发展变化很快，因此，父母要引导孩子多见识一些新生事物，让孩子喜欢并且乐意接受新生事物，学会知变和应变。

让男孩懂得尊重的意义

要想收获别人的尊重与信任，首先我们就应该懂得尊重与信任别人。很多时候，我们对待别人的方式，其实就是别人会对待我们的方式。报以敬意与信任，自然会得到别人同样的馈赠。

汉代的名将张良，从小就是一个懂得尊敬别人、信守约定的好孩子。

有一天，张良在桥上散步。有位穿着粗布短衣的老人，走到张良跟前，故意把穿在脚上的草鞋丢到桥下，对张良说："小子，去把鞋给我捡回来！"

张良愣了一下，但是看他年老，就到桥下取回鞋子，递给他。

老人坐在桥头，眼皮也不抬一下，就说："给我穿上。"

于是，张良跪在地上给老人穿鞋。然后老人就笑着离开了。老人走了几步又转过身来，和蔼地对张良说："我看你这娃不错，值得教导。5天后天一亮，和我在这里见面。"

张良行了个礼说："是。"

5天后，天刚刚亮，张良就来到桥上，那个老人已经坐在桥上等着张良了，老人很生气地说："现在天已经大亮了，年轻人这么不守信用，和长辈约会还迟到，一点起码的礼貌道德都不懂，长大后还能有什么作为？5天以后，鸡叫时来见我。"说完老人就走了。

过了5天，鸡刚叫，张良就去了，老人又已经先到那里了。老人十分生气地说："我已经听见三声鸡叫了，你怎么才来，我在这里已经等你好长时间了，五天以后你再早一点儿来见我吧。"

又过了5天，张良半夜就到桥上等着那个老人。一会儿，老人也来了，看到张良他高兴地说："年轻人要成大事，就要遵守诺言，说什么时候到就什么时候到。"接着老人又从怀里掏出一本又薄又破的书，说："读了这本书，就可以成为皇帝的老师。这话会在10年后应验。10年后天下大乱，你可用此书兴邦立国。13年后，你会在济北见到我。"说完之后，老头儿就离开了，以后再也没有出现过。

天亮时，张良看老人送的那本书，原来是《太公兵法》，又叫《黄石兵书》。张良非常珍惜这本书，认真学习，并且他还时刻遵守老者的教诲，严格要求自己，立志要做一个信守诺言、懂得尊重别人的人。

从老人那里得到宝书的张良，从此以后，日夜研习兵书，俯仰天下大事，终于成为一个深明韬略、文武兼备、足智多谋的"智囊"。后来他帮助汉高祖刘邦完成了统一大业，成为了历史上有名的将领。

尊重别人、信守承诺，这样才能让别人尊重自己、信任自己，从而成就一番大事业。所以父母应该把尊重别人这样的美德从小灌输给男孩。当他们遇见和自己关系并不太要好的同学时，提醒他们每次见面都要主动打招呼，报以微笑与尊重，渐渐地会发现他们之间也会成为非常好的朋友的。相反，当他们以不友好、不信任的态度对待别人，即便那个人是你的好朋友，他们关系也会疏淡的。所以，在日常的生活里要让孩子懂得尊重别人，只有尊重他人，才能赢得他人的尊重。

孟子曾经说过："爱人者，人恒爱之；敬人者，人恒敬之。"只有懂得尊重别人的男孩，才能够赢得别人的尊重。尊重他人，不仅是一种待人接物的态度，还是一种高尚的道德品质，是男孩走向文明的起点。那么怎样培养懂得尊重的男孩呢？

1. 父母要首先尊重孩子的人格

世界著名教育家池田大作说："尊重孩子的人格，孩子便学会尊重人。"要教育孩子，首先要尊重孩子，在与孩子交流时要平等，在此基础上才会努力地去理解孩子的想法。这种平等的关系会使男孩愿意同父母交流，并能听得进父母的说教，这是做好男孩教育的首要条件。

2. 不随意指责孩子的错误

当西奥多·罗斯福入主白宫的时候，他承认：如果他的决策能有75%的正确率，那么就达到他预期的最高标准了。像罗斯福这样的杰出人物，最高的希望也只是如此，那么，我们呢？试想一下自己的生活：无论你用什么方法指责别人，都会直接打击他的智慧、判断力和自尊心。

因此，让孩子从小懂得尊重的意义，是其成就美好人生的开始。

养育男孩：教会男孩明辨是非

所谓明辨是非，即是知道正确还是错误，不混淆是非。生活中坚持正义的孩子都有很强的是非观念，他们的是非观主要来自父母的影响和熏陶。

在教会孩子明辨是非这件事上，前英国首相撒切尔夫人为世人做出很好的表率。

撒切尔夫人是一个是非观念很强的人，正确的是非观念引领着她步入政坛，成为了历史上有名的"铁娘子"，并且让她成了20世纪执政时间最长的政府首脑。她得益于正确是非观的影响，所以我们在教育孩子的过程中，也很注重对孩子是非价值观的教育和培养。

孩童时代尚处于一个蒙昧的时期，最容易受到周遭世界的影响，这些影响使得他们逐渐形成自己最初的是非价值观。这些观念一旦形成就很难改变，并且将会影响其一生。撒切尔夫人懂得这一点，她不但重视是非观对自己人生的影响，还重视对孩子是非观的教育。

在培养孩子树立正确是非观上，撒切尔夫人很重视交流对孩子的影响。很多父母总是抱怨自己没有时间跟孩子说话，这是让她感觉到非常遗憾的一件事情。撒切尔夫人不管多么忙，不管工作上的压力是多么大，她总是会想办法挤出时间跟孩子说话，把孩子问的问题说清楚。父母和孩子关系的远近不在于她与孩子在一起的时候长短，而在于你在特定的时间里对他们的关怀。所以撒切尔夫人一有时间就和孩子在一起闲聊，从孩子每天的趣闻中，分享他们的心情，同时还告诉孩子事情的是非曲直，告诉他们如何去判断一件事情或者一个人物。

撒切尔夫人最喜欢的儿子马克喜欢模仿父亲。一次，撒切尔夫人打电话过来，想告诉自己的丈夫她有宴会不能回家共进晚餐。电话铃响起后，马克对着电话嚷道："我是撒切尔！"撒切尔夫人当时很生气，认为即使是大人，在自己的家中这样接电话也是不礼貌的，而小小的年纪更不应该这样。撒切尔夫人不想放任儿子这样做，她专程赶回家里，耐心地对马克说明这样做是不礼貌的，同时严厉指出这样做的严重后果，及时制止了马克这种不良的行为。

撒切尔夫人还说："教育子女最重要的不是告诉他们什么是正确的，什么是不正确的，而是要培养他们明辨是非的能力，让他们自己能独立作出判断。"怎样才能让孩子养成独立判断的能力呢？一方面要让他们多读书，在读书的过程中认真思考，形成自己的是非观念。另外一方面就是要孩子们多经历，能够自己去处理一些事情，比如和同学们之间闹了矛盾之后，要引导孩子自己去化解矛盾，渐渐地就会形成适合他们自己的为人处事的方式。在这个过程中孩子还能学会尊重他人，尊重他们的人格和生活方式。为他们将来走向社会，为他们的人际交往奠定一个良好的基础。

所以，作为对孩子影响力极大的父母，不但要有自己做事的原则，有自己的是非观念，有把自己的是非观传达给孩子的能力，还要有培养孩子辨别是非的能力，这样才能给引导孩子走向一个光明的人生。

　　培养一个明辨是非、正直的男孩需要让孩子在日常生活中对事物作出鉴别，并决定自己的行为选择。我们的孩子在成长后也将面临无数和我们一样的问题，所以，若想真正使孩子理性地看待问题就绝不能仅仅停留在一些一相情愿的人生准则上，而应对社会现实保持敏锐的观察力，通过对事物的准确判断，做出适当的行为选择。

第十二章

成就男孩一生的好习惯

习惯能成就一个人，也能够摧毁一个人。

——拿破仑·希尔

好习惯是男孩成功的阶梯

美国华盛顿大学曾组织过一次非同一般的演讲，演讲者是世界巨富沃伦·巴菲特和比尔·盖茨。

当现场的学生问他们"你们怎么变得比上帝还富有"的时候，巴菲特说："这个问题很简单，原因不在于智商，为什么那么多聪明人没有变得富有呢？为什么总是做一些阻碍自己发展的事情呢？原因在于——

习惯。"

听完巴菲特的回答，比尔·盖茨马上表示赞同，接着说道："我认为巴菲特关于习惯的回答完全正确。"

两位世界巨富不约而同地道出了自己成功的秘密，那就是好习惯是成功的阶梯。

那么什么是好习惯呢？俄国著名的教育家乌申斯基给了我们一个形象的解释。他说：

良好的习惯是人在其神经系统中存在的资本，这个资本是不断增值的，而男孩在其一生中会享受它给自己带来的利息。

中国人民大学毕业的优秀学生刘朔就是靠着从小养成的良好习惯，学习上一直保持优秀。他毕业后顺利进入香港大学深造。可见习惯的力量是强大的，父母要培养孩子养成良好的习惯，习惯能成就男孩的一生。

教育就是培养好习惯，那么父母在家庭教育男孩的过程中应该培养男孩哪些习惯呢？教育专家给家长的意见如下：

1. 让男孩养成社交好习惯

人从一出生起就开始了人际交往，没有一个人能隔开与外界的交往、沟通而独自生存下去。良好的交往和沟通能力，能让男孩的生活锦上添花。

因此，父母要鼓励男孩不要害怕与人交往，在平时注意养成与各种人交往的好习惯，比如见到邻居和周围的人要主动与他们打招呼；多给朋友们打电话；不要只玩别人的玩具，也应该学会拿出自己的东西与别人一起分享……

2. 要养成做事好习惯

很多的男孩总是事事依赖大人，做什么都以自我为中心，在父母看来这些孩子永远都长不大，那是因为他们还没有养成正确做事情的好习惯。

正所谓方法为王，方法决定他们做事的效率和效果。找到正确的做事方法并让它变成习惯，会让男孩终生受用。

要想男孩成为一个怎样的人，就需要在今天培养起怎样的习惯。养成良好的做事习惯，他们就能学会自己管理自己，有条不紊地做好每件事。

3. 要养成修身好习惯

孔子在《论语》中提到："少小若无性，习惯成自然。"意思就是说，人的本性是很相近的，但由于习惯不同便相去甚远，小时候培养的品格就好像是天生就有的，长期养成的习惯就好像出于自然。

在每个男孩的成长过程中，或多或少会有一些坏习惯，比如"说谎""偷窃""打架斗殴""骂人"等等。这些对自身成长非常不利，必须及早改掉。千里之堤，溃于蚁穴。不要对坏习惯放松警惕，坏习惯如同潜伏在他们人生中的蛀虫，会吞噬掉他们的美好未来。

一个男孩只有养成良好的修身习惯，才能和别人友好相处，积极追求美好事物，将来才能成为社会上成熟可敬之人。

4. 养成安全好习惯

放学的路上有人拦住他们索要钱财、迷恋网络游戏、陌生人突然上前与你搭话、郊游时候迷路了、收到莫名其妙的短信……遇到种种危险的情况，男孩会怎么办？

最近几年，有关身边青少年安全事故的报道接连不断，安全问题应该引起男孩们的重视。现在，他们所处的环境已不再是单纯的学校和家庭，而是处于纵横交错、复杂的社会网络中。

父母必须让他们明白，现实中绝大多数的危险、意外是不可预料的，没有人能够绝对、完全地避免风险，他们只有学会一些紧急防护知识和应急措施，才能够在危险、意外来临时，竭尽全力、镇静从容地应对，尽量减少伤害，及至安全脱身。

5. 要养成学习好习惯

有这样一个口号："学到老，学到老。"学习已经成为每个人生命中的大事。男孩在平时学习中，对于他们自身而言，学会课前预习、学会记笔记、按时独立完成作业、学会自己搜集资料、把阅读当成乐趣、经常课后整理和复习、寻找适合自己的学习方法等等都是学习好习惯的表现。

只要他们每天学习一点点，每天进步一点点，每天收获一点点，就会发现因学习好习惯而获得的快乐！

好习惯是从小培养出来的

拿破仑·希尔说过："习惯能成就一个人，也能够摧毁一个人。"好习惯是成功的基石。它于经年累月中，影响着我们的品德，塑造着我们的思维方法和行为方式，并且左右着我们的成败。

所以说，一个人要想有所成就，取得成功，就必须养成良好的习惯。

一个好的习惯也可以产生巨大的力量，如果你反复地重复着一件有益的事情，渐渐地，你就会喜欢去做，这样一来，所有的困难都显得微不足道了。习惯的力量是巨大的，它可以冲破困难的阻挠，帮助你走上成功的道路。亚伯拉罕·林肯就走通过勤奋的训练才练就了他简洁、明了、有力的演讲风格。温德尔·菲里普斯也是通过艰苦的练习才练就了他那出色的思考能力和杰出的交谈能力。

兰德先生勤奋工作，成效卓著，48岁，年收入22.1万美元，是一般普通家庭的5倍，典型的高收入家庭。望着自己的6辆小车，他很自满，——不过，2辆是租来的，4辆是通过信用方式购买的，当然，房子也是按揭。

表面看，兰德先生勤奋而安乐，实际上，他生活在恐惧中：积累的财富太少，只够他家一年的开销，还不说身后的债。他不得不勤奋，开着他那要不断还钱的进口车，像蜜蜂一样早出晚归。他拼命工作，就是为了还债。

而事实上像他那样的年收入，本该有至少不低于100万美元的净资产，而他没有。其实事情很简单，只需要他改掉乱花钱的坏习惯，改掉那从他父母就开始的坏习惯。

比如兰德夫妇两人一天3盒香烟，46年，花了33190美元——超过他们房子的价钱！如果投资基金，将有10万美元的收益；如果买烟草公司的股票，比如是菲利普·莫瑞斯烟草公司，只买不卖，会怎么样呢？第46年终了，价值会超过200万美元！

可是，他们从来都没想过这样的"小零头"！父母老了，自己也48岁了，依然在高收入的同时，还那本可以早就不用还的债！

他抽烟的父亲只给了兰德先生唯一的好忠告：不要抽烟，一支烟也不要叼在嘴上。

一支烟给兰德先生及家人形成了一天抽掉了3盒香烟的习惯，又给他们带来了乱花钱的坏习惯。习惯的点滴而成，可以影响财富的积累过程。

当人到了25岁或30岁的时候，我们就很难发现他们会再有什么变化，除非他现在的生活与少年时相比有了巨大的改变。但令人欣慰的是，当一个人年轻的时候，尽管养成一种坏习惯很容易，但要养成一种好习惯几乎同样容易；而且，就像恶习会在邪恶的行为中变得严重一样，良好的习惯也会在良好的行为中得到巩固与发展。

把一种行为养成习惯最简单有效的方法就是——重复多做。这是因为，习惯的养成实际上是动作的积累，脑神经指令的重复。这种行动做得越多，脑神经所受的刺激和记忆就越深，因而反应也会更加熟练，慢慢就形成了习惯。

有个孩子，从小特别喜欢吃桔子。他妈妈买桔子，总是以3的倍数买，如15个21个，吃桔子时，就由孩子来分，一人一个。有一回，桔子只剩下3个了，他把桔子拿在手里，没像往常一样送过来，而是用眼睛看着爸爸妈妈，意思就是说，就剩3个了，你们俩还吃呀？

他妈妈给丈夫使个眼色：吃。结果爸爸妈妈一边剥桔子，他一边受委屈地流眼泪，因为桔子没吃够。他妈妈事后说："天呀，我把这个桔子吃下去，一点味儿也没吃出来。但要让孩子心里有别人，有好吃的大家一块分享，要让他从小就有份额意识和与别人分享的习惯，我必须那样做。"

孩子长大后考上了北京大学，亲戚朋友很高兴，这个给50块钱祝贺，那个给100块，一共给了500块钱。过春节时，他妈妈惊讶地发现，他把500块钱装了一个红包给奶奶，这让她感到非常欣慰。

这个大小伙子为什么变得这么有孝心？一般孩子看见老人给的压岁钱不多还不高兴，哪有给老人钱的？

这就是从小培养起来的习惯。

及早发现男孩的"坏苗头"

一个罪犯这样回忆他的童年经历：

有一次，奶奶带我去商店，我顺手牵羊了一块面包，奶奶当时看见了，她并没有责怪我，还让我带着面包快走。当我每次偷得同学东西时，奶奶都替我保密，从来没有告诉过爸爸。后来我偷了越来越多的东西，从偷同学的橡皮到偷钱。甚至偷遍了一个社区。于是我从一块面包开始，学会了偷东西。

小时候，每次我和同学闹了矛盾，甚至欺负了同学，妈妈都没有表过态。就是别的同学的家长找过来，妈妈也没有说过什么。因此我认为欺负人不是什么大不了的事。我经常欺负别人，到了社会上我更是变本加厉。妈妈看势头不好，想阻止，但已经晚了。我已经走上了一条不归路。"

政治学家威尔逊和犯罪学家凯林曾提出心理学上的一个定理——破窗定律。他们认为：

　　如果有人打坏了一栋建筑上的一块玻璃，而这扇窗户又没有得到修复，别人就可能受到某些暗示性的纵容，去打烂更多的玻璃。久而久之，在这种公众麻木不仁的氛围中，犯罪就会滋生、蔓延。

同时，这个定律也告诉我们家长，在孩子的成长过程中，如果我们对他犯下的错误不闻不问、反应迟钝或纠正不力，其后果可能更加纵容了他的不良行为。于是用不了多长时间，他就会由偷一块面包发展到偷别人的金钱，由犯了一件小错发展到犯罪，最终铸成大错。

孩子事情无小事，所有的小事对孩子来说都是大事。父母眼中的"小错误"，对当时的孩子来说，就是"大错误"。父母对这些"小事"的忽略，其实是对孩子最大的误导。

当第一扇窗户被打碎时，请及时地去修缮；当孩子第一次犯错时，请好好修复这种"小破坏"。

父母们如果不想让你的男孩变坏，就要为他创造一个好的家庭环境。爱欺负同学的孩子多数在恶劣的家庭中长大。

一个警察曾讲过这样的事情：

　　"今年我就接到初中女生零零的报警。她在电话里说，有个同学老在网上骂她，还说要喊人打她。她还说，她刚上初中，不久前认识了另一所中学的几个女生，成了朋友，互相加了QQ，还约一起逛街。有次见面，她和其中的女生圆圆为点小事吵起来，不欢而散。后来，圆圆整天给她发短信骂她、侮辱她、恐吓她，现在又说要杀了她，她又不敢告诉家人。我没有惊动双方的家长，而是私下单独和圆圆交谈，才了解到她父母早就离异，并且她认为自己是被"抛弃"的孩子。

　　"这件事让我想起以前处理过的好多案子。其中欺负人的孩子大多没有幸福的家庭环境，他们父母多离异、婚外恋、经常吵架……前一阵子也接过一个典型的案子：某学校找到派出所，说16岁的学生朗朗被同年级的三个同学欺负，希望我们介入调查。我看见朗朗的手臂上、颈部都有烟头烫伤，问他，他只说是别人不小心烫的。后来我一直和他聊，最后，他终于说出，三个同学无缘无故地用烟头烫他，还把他拖到厕所叫他吃大便……那一次，三个人被定性为寻衅滋事犯罪。让人印象深刻的是他们三个的家庭环境都很恶劣：父母离异、家庭虐待、被父母遗弃……

　　"其实那些欺负同学的孩子也很可怜。"

　　这些欺负人的孩子曾经受过家庭虐待、遭受父母遗弃，他们不敢或没有机会将父母带给他们的愤怒直接返还给父母，于是就将自己从家庭里所遭受的虐待和承受的痛苦转移置换到别人身上，以得到心理上的平衡。那些"替罪羊"多为弱小的孩子、比他们有优势的孩子，甚至是一些小猫、小狗等宠物。

家长抱怨孩子变坏，不如改变环境，让孩子没有机会去"作恶"。

心理学家诺尔蒂说：

如果儿童生活在批评的环境中，他就学会指责；生活在敌意的环境中，他就学会打架；生活在嘲笑的环境中，他就学会难为情；生活在羞辱的环境中，他就学会内疚；生活在忍受的环境中，他就学会忍耐；生活在鼓励的环境中，他就学会自信；生活在赞扬的环境中，他就学会提高自己的身价；生活在公平的环境中，他就学会正义；生活在安全的环境中，他就学会信任他人；生活在赞许的环境中，他就学会自爱；生活在互相承认和友好的环境中，他就学会在这个世界上寻找爱。"

帮助男孩戒除对网游的沉迷

随着信息技术的发达，网络应经不再是大家陌生的东西，它为很多孩子的生活带去了便利，但也给他们带来了很多负面的影响。尤其是男孩沉迷于网游而引发的各种事件，不得不引起家长们的足够重视。

关于男孩子沉迷于网络的报道不胜枚举：

一名17岁的名叫黄泳的少年在一家网吧长时间玩网络游戏后因过度兴奋而死亡。

17岁的余斌是南昌市豫章中学高三（4）班的学生，因上网玩游戏时心理紧张兴奋过度，在玩网络游戏《传奇》的过程中猝死。

辽阳市辽化某中学初中二年级学生闻某，因母亲不给他拿钱上网，他就拿刀砍向母亲。母亲倒下后，他又连补二十余刀，然后将家里的电话线剪断，从母亲身上拿走1000元钱，和同学去鞍山玩了。

对于成长中的男孩子来说，网络的诱惑就足以让他们承受不起。网聊、游戏、网恋甚至网婚，他们也夹在中间，乐此不疲。在南京一所初中担任班主任的赵老师惊讶地发现，操办婚礼、买房、生小孩，竟然成了这些学生们津津乐道的话题。全班将近一半同学在假期都通过网上的"虚拟结婚"，拥有了一个"老公"或"老婆"。于是就滋生出一些违法分子，通过网络，以各种手段，来蒙骗那些痴迷的人。

北京曾经举行的一项调查表明，在每7名北京青少年中就有1名沉迷于网络。虽然这次调查没有涉及中国其他地区以及成年人群，但是专家认为，这一调查结果具有一定的代表性。随着电脑和因特网在中国城市中的普及，中国人沉迷网络的现象令人担忧。

参与调查的沈亦云教授说，调查结果令许多专家感到吃惊，中国青少年中沉迷网络的人数比例甚至超过了美国。在美国，这一比例只有6%。一位教授说，由于网络游戏的巨大利润以及政府鼓励市民进行高科技消费，中国人沉迷网络的情况可能越来越严重。

据国家统计局数据显示：2016年我国网民已达到7.31亿，互联网的普及率达到53.2%。中国已成为世界上因特网用户最多的国家。

但人还是要回到现实中，如果男孩子不能处理好网络与现实的关系，那么极可能出现种种问题。网络的积极作用不言而喻，但它是一把双刃剑，其负面影响不容忽视。

男孩为什么如此迷恋网络呢？在网络这个虚拟世界中，他们可以成为自己想成为的人，获得成功的机会远远高于现实生活，个人可以获得心理满足。在现实生活中获得成功，需要自身付出较大代价。而在网络的聊天活动、游戏中，男孩较易获得虚拟的成功，从而能体验这种成功的喜悦。

总体上说，网络对男孩的危害主要为：第一，网络成了他们在虚拟世界感受、实现自我价值的场所；第二，网络成了他们寻找精神寄托的场所，在现实中得不到满足，便在虚拟世界里沉沦，有的从聊天开始发展网恋，有的甚至利用网络行骗；第三，网络成了男孩寻找刺激、猎奇的场所；第四，网络成为他们忘却生活烦恼的"防空洞"，生活不顺、时间没法打发时，他们首先想到网吧，有的甚至通宵达旦沉迷其中；第五，上网滋生他们开支的"黑洞"，极易诱发犯罪，使盗窃、抢劫事件逐年快速地增长。

所以，父母要正确引导孩子对待网络，避免上网成瘾危害他们身心健康。

为预防网络对身心的不利影响，父母应该引导孩子养成如下的良好上网习惯：

1. 要树立正确的道德观、人生观、恋爱观，将精力集中于学习和有益身心发展的健康活动中。

2. 不要随意在网上结交朋友，更不能随意给人地址、轻率与网友约会。

3. 不要浏览黄色网站及其他不健康的网站。

4. 不要混迹于复杂的社交场所，尽量少在网吧上网。

5. 经常与家长或你所信赖的亲友、师长沟通，以求得他们的指点、开导。

6. 正常的上网浏览，一般不要超过半小时，一天最好不超过2小时。时间过长，不但影响视力，还会造成颈脊、腰脊等疾病。

7. 要学会区分网络社会与现实生活的界限，不能沉溺于网络上的虚拟世界，或将上网当做逃避生活问题的主要工具。

养育男孩：21天习惯养成法

著名心理学家、哲学家威廉·詹姆斯说：

播下一个行动，你将收获一种习惯；播下一种习惯，你将收获一种性格；播下一种性格，你将收获一种命运。

要想让孩子将来有个好前程、好人生，就要让孩子从小养成一个良好的习惯。要想让孩子养成好习惯，家长首先要有一个好心态，千万不要期望着今天告诉孩子应该怎么做，明天孩子就能如你所愿表现出你所期望的行为。家长们更要明白"欲速则不达"的道理，要有充分的耐心和信心，运用科学的方法，才能帮助孩子养成良好的习惯。

习惯养成容易消除难，但是，只要你明白了习惯可以改变的原理，你就有了改变它们的力量。每个人都应该找到自己的习惯模式，学会运用习惯的力量强化意志力、聪明理财、高效工作……

行为心理学研究表明：21天以上的重复会形成习惯；90天的重复会形成稳定的习惯。即同一个动作，重复21天就会变成习惯性的动作；同样道理，任何一个想法，重复21天，或者重复验证21次，就会变成习惯性想法。所以，一个观念如果被别人或者自己验证了21次以上，它一定已经变成了你的信念。这正是人们常说的"21天习惯养成法"。

"21天习惯养成法"把习惯的形成大致分三个阶段：

第一阶段：需要1～7天左右的时间。此阶段的特征是"刻意，不自然"。你需要十分刻意提醒自己改变，而你也会觉得有些不自然，不舒服。

第二阶段：需要7～21天左右的时间。不要放弃第一阶段的努力，继续重复，跨入第二阶段。此阶段的特征是"刻意，自然"。你已经觉得比较自然，比较舒服了，但是一不留意，你还会恢复到从前。因此，你还需要刻意提醒自己改变。

第三阶段：需要21～90天左右的时间。此阶段的特征是"不经意，自然"，其实这就是习惯。这一阶段被称为"习惯性的稳定期"。一旦跨入此阶段，一个人已经完成了自我改造，这项习惯就已经成为他生命中的一个有机组成部分，它会自然而然地不停地为人们"效劳"。

中国青少年教育专家孙云晓经过研究发现：培养良好习惯一般需要六个步骤，即认识习惯的重要、制定行为规范、榜样教育、持之以恒的训练、及时评估引导、养成良好的集体风气，其中，最重要的一步就是：持之以恒的训练。可见，好习惯都是训练出来的。

家长不妨采取"21天习惯养成法"，循序渐进，对孩子加以训练，培养孩子的好习惯。举例来说，如果孩子在学校比较胆小、不爱积极回答老师的问题，家长可以给孩子进行阶段性的训练，帮助孩子进行完善。

第一阶段训练：由爸爸充当老师，孩子和妈妈当"学生"，回答"老师"提出的问题，孩子每次主动举手发言一次，可以奖励一分，当累计到20分的时候，可以得到爸爸妈妈给的一份奖励。

第二阶段训练：请几个孩子的同学来家里，由妈妈来当"老师"，几个孩子一起上课，回答"老师"提出的问题。

第三阶段训练：把"老师"换成家里的其他亲戚或者朋友，给孩子和爸爸妈妈一起上课，回答"老师"的问题。

当孩子当着同学和其他人的面前也敢于主动举手回答问题时，他也就在不知不觉中改掉了上课不敢回答问题的习惯了。

训练的方法还有很多，总之要因人而异，因材施教，家长们要根据孩子的不同的年龄，不同的性格、气质采取不同的训练方法，这样才能事半功倍，达到理想效果。

习惯的养成并非一朝一夕，家长要有足够的信心并身体力行，以身垂范，给孩子做出良好的榜样。比如，良好的作息习惯，良好的阅读习惯，做事自己动手的习惯，等等。在父母良好习惯的影响下，孩子自会在无形中受到熏染，逐渐养成令自己受益一生的好习惯。

家长要帮助孩子识别哪些是好习惯，哪些是坏习惯；如何戒掉坏习惯、建立好习惯；如何利用习惯的力量彻底改变自己的命运，进而收获一个好前程。